AMADO YO SOY

Mensajes de la Divinidad Feminina

Una co-creación colectiva de GoldRing of Enlightenment
www.thechristwithin.com www.premieres.com

Por favor, acepta lo sagrado de este trabajo

Publicado por: GoldRing Media LLC,
60 N 660 West,
St. George, Utah
84770

www.premieres.com

© Richard B. Wigley 2012 (Autor)
© Lily Moses 2012 (Illustradora)
© Annette Laporte Wigley 2012 (Illustradora)
Primera edición Junio 2012

ISBN: 978-0985801915

Todos los derechos reservados. Excepto pasajes breves citados para su revisión, ninguna porción de este trabajo podrá ser reproducida, traducida, adaptada, ni almacenada de forma alguna en ningún sistema; ya sea electrónico, mecánico, fotocopia u otros; sin la autorización expresa del editor.

www.thechristwithin.com

Los mensajes que se transmiten en esta obra, se ofrecen gracias a la contribución y al amor de los artistas, escritores, editores, gerentes y todos los colaboradores que mantienen viva la presencia e intención de este material.

Escrito por:	**Rysa,** USA
Arte:	**Lily Moses,** Northern Rivers, New South Wales, Australia
Mandalas:	**Annette Laporte,** Ontario Canadá
Gerente del Proyecto:	**Annette Laporte,** Ontario Canadá
Diseño y Tipografía:	**Annette Laporte,** Ontario, Canadá
	Deborah Robinson, Alberta, Canadá
	Richard Wigley, Utah USA
Edición:	**Annette Laporte**, Ontario, Canadá
	Jolanda de Jong, Heerenveen, Netherlands
	Nancy Wait, Brooklyn, New York, USA
	Lynne Cameron, Port Hope, Ontario, Canadá
	Michel Franc, Franklin, North Carolina
Página Web:	**Deborah Robinson,** Calgary Alberta Canadá

AMADO YO SOY
MENSAJES DE LA DIVINIDAD FEMININA

Una co-creación colectiva de GoldRing of Enlightenment

Por coincidencias del destino, fe, suerte o asuntos de diseño, estas visiones han conseguido reunir la inspiración y cooperación internacional de muchas personas. Durante la realización de este trabajo y mientras el Espíritu de la Divinidad Femenina expresaba su determinación de llevar este mensaje a la humanidad, un sinfín de eventos mágicos y sincronizados vieron la luz.

La información que aquí se presenta fue recopilada a principios de los años noventa, gracias a la comunicación mantenida con la energía del AMADO YO SOY, aquí representada como la ENERGÍA CRÍSTICA que al mismo tiempo expresaba una simple comprensión de la igualdad. En ese momento el mundo no estaba preparado para esta activación energética, así que durante dos décadas el material permaneció oculto al público. Años después, se leyeron algunos párrafos durante la emisión de un programa de radio por internet. Escuchando estas palabras, numerosos radioescucha sintieron una activación espiritual. Estas personas decidieron reunirse para asegurarse de que estos escritos fueran publicados. Cuatro de estas personas visualizaron a una Dama vestida de forma Celestial con un gabán opalescente, llevando un Anj (símbolo jeroglífico egipcio que significa vida) rodeado de rosas con la presencia de abejas de miel.

En otra línea del tiempo y al otro lado del mundo, concretamente en Australia, Lily Moses que pintaba imágenes de maestros espirituales, santos y ángeles que se manifestaban en su presencia, recibió el mensaje de que se estaba preparando un libro cuyo nombre sería, EL AMADO YO SOY "The Beloved I Am".

Deseamos que cada lector descubra en este material el poder de sanación y transformación que hemos encontrado nosotros.

AVANZA

Estás formando parte de una co-creación colectiva que se revela a si misma en varios niveles. El mensaje principal es, que la ENERGÍA CRÍSTICA actúa de forma ecuánime y posee el poder de la esencia femenina. Este libro aporta la experiencia de la inmersión, que incorpora un sinfín de técnicas para que el viaje de la transformación se lleve a cabo sin mayor esfuerzo. Según vayas leyendo, serás guiado por diversos conceptos que te ayudarán a reconocer tu verdadera ESENCIA DIVINA. La naturaleza poética de la escritura, los diferentes estilos de letra y las palabras, actúan de forma clave para la apertura de los portales del corazón.

Viajando entre sus páginas, notarás como la voz pasa de primera a segunda persona, de lo objetivo a lo subjetivo y de lo personal a lo trascendental; se hablará para sanar corazones y para alimentar las mentes, podrás percibir los temas y conceptos desde una perspectiva más elevada. La diversidad de temas se abordan con claridad para que puedas comprender su contenido y el mismo cumpla el objetivo de sanar. La madurez emocional, la evolución espiritual y el despertar de la conciencia ocurren solamente cuando se tiene la fortaleza y el coraje de aceptar, reconocer, perdonar y abordar los asuntos que nos afectan. Para que se abran nuevos caminos, es necesario eliminar las creencias que utilizamos para esconder nuestra verdadera identidad. Esta se esconde entre capas que se anidan dentro de nuestro propio ser. Capas que se expanden desde lo más profundo de nuestra compasión, en nuestro viaje para alcanzar la auto-maestría.

Los detalles gráficos de cada página crean un espacio sagrado sin igual para enlazar los aspectos de la DIVINIDAD FEMENINA. Permítete ser cautivado por la belleza de este trabajo colectivo, desde tu lado izquierdo y lógico del cerebro, hasta el lado de la creatividad, en este caso el derecho, ambos unidos por las emociones. Sueña despierto, indaga y explora los lugares a los que tu propia mente te conduzca mientras avanzas con la lectura de estas páginas.

La humanidad conoció a Cristo como un hombre que caminó sobre la tierra impartiendo mensajes espirituales de paz y amor para todos. Las palabras de todas las tradiciones espirituales han sido manipuladas y sepultadas por un patriarcado mal orientado. EL AMADO YO SOY es un trabajo de arte, belleza, compasión y entendimiento, que ofrece los mensajes del corazón de la sagrada divinidad femenina. Ahora la puerta está abierta y la DIVINIDAD FEMENINA DE LA ENERGÍA CRÍSTICA ha resurgido para ofrecer refugio a quienes se encuentran perdidos. Estos dones de amor incondicional son portales para la aceptación espiritual que proyecta la inspiración en la que la esencia verdadera de tu alma puede ser reflejada.

En lo más profundo de su ser, toda la humanidad reconoce a la ENERGÍA CRÍSTICA FEMENINA y comparte el espíritu del AMADO YO SOY. El suave susurro de sus palabras abren el paisaje secreto de la creatividad dentro de sus corazones. A través de la inspiración, tanto para hombres como para mujeres, cada página se vuelve sanadora de emociones tales como el remordimiento, la vergüenza y la perdida. El sagrado corazón femenino se restaura en el poder absoluto de la conciencia de la ENERGÍA CRÍSTICA. Conforme la divinidad femenina despierta en el corazón, la espiritualidad masculina escucha y entiende el amor incondicional. La restauración en las almas de la humanidad se manifiesta con el intercambio del amor de la ENERGÍA CRÍSTICA EN TI.

YO SOY EL AMADO YO SOY,
LA ENERGÍA CRÍSTICA EN TI.
YO SOY el corazón del amor, YO SOY quien te llama
y deseo llegar a lo más profundo de tu Ser.
Este es un llamado a tu corazón para que se abra.

Permite que tu corazón revele con su apertura, la brillante luz de la sabiduría que ves en lo más profundo del universo, esa luz que mora en tu interior, mientras recorres el viaje infinito de vuelta a casa.

Conozco el dolor que sientes en lo más profundo de tu corazón. Sé que estás solo y has entregado todo con tal de ser amado. Sé que deseas hablar. Extiendo mis brazos hacia ti y estoy aquí para que comprendas donde te encuentras.
Estoy dentro de ti y es verdad que todos somos el AMADO YO SOY.

Nuestra unión mística de bendiciones divinas, revela palabras de amor verdadero. Hablamos con firmeza, con honor y con sabiduría. Las dificultades que puedan aparecer en el camino, son eliminadas por la intención de tu alma.

Nuestro viaje a casa da inicio.

Tabla de Contenido

Los títulos de cada sección se presentan como un Sendero Iluminado de donde puedes seguir intuitiva o selectivamente la página que tenga mayor significado para ti. Estas palabras son peldaños del camino Espiritual, con los que formas un campo vibratorio que te adentra en este viaje sagrado. Nota: se hace la observación que el uso de mayúsculas en lugares donde no deben utilizarse tiene la finalidad visual para atraer la atención del lector y lograr la activación energética que contribuirá con el cambio de pensamientos y la apertura de los canales del corazón.

Sección	Página	Sección	Página
01. El Camino	08	35. La Fe	76
02. La Libertad	10	36. La Conexión	78
03. La Sabiduría	12	37. El Canal	80
04. El Amor	14	38. Recordar	82
05. Cantar	16	39. Aprender	84
06. La Pureza	18	40. Centrarse	86
07. Los Cambios	20	41. La Lección	88
08. El Mundo	22	42. La Compasión	90
09. El Niño	24	43. El Corazón	92
10. El Puente	26	44. La Diosa	94
11. Por Siempre	28	45. Acercarse	96
12. La Energía	30	46. En Ti	98
13. La Verdad	32	47. Amado	100
14. La Transformación	34	48. Compatir	102
15. La Concepción	36	49. Sanar	104
16. La Esencia	38	50. Dar	106
17. La Vida	40	51. Surgir	108
18. La Espiritualidad	42	52. La Unidad	110
19. La Comprensión	44	53. Buscar	112
20. El Despertar	46	54. La Armonía	114
21. La Luz	48	55. Crear	116
22. La Voz	50	56. Respirar	118
23. Escuchar	52	57. Ascender	120
24. El Regalo	54	58. Bendito	122
25. La Revelación	56	59. El Misterio	124
26. El Hogar	58	60. Inmaculada	126
27. La Reflexión	60	61. Cercano	128
28. La Pregunta	62	62. Sentir	130
29. La Apertura	64	63. Apertura	132
30. Aceptar	66	64. Iniciar	134
31. El Sentimiento	68	65. Humano	136
32. La Transición	70	66. La Emoción	138
33. La Experiencia	72	67. Perfecto	140
34. La Comunión	74	68. Yo Soy	142
		69. El Tesoroe	144

Rosa Mística

Amado ~  ~Yo Soy

El Camino

Abre tu mente al maestro interior y permite que te guíe para alcanzar mayor entendimiento. El maestro interior es la Energía Crística En Ti.

La Energía Crística En Ti te habla como un dios y como una diosa, masculino y femenino, lo hace desde el centro de tu ser donde sólo existe el amor, tu corazón.

Permite que tu mente supere sus
limitaciones. Siente cómo se desvanece
la distinción entre cuerpos e ideas. Recibe
en tu corazón esta información
llena de Luz y Sabiduría.

Ve más allá de lo que has leído y de lo que te han enseñado. Escucha las palabras. Mira como llegan a ti y obsérvalas. Se paciente y espera la respuesta a tus preguntas. Fortalece tu confianza y se íntegro para mantener el carácter que has empezado a manifestar. Permite la perfección de tu ser en este momento.

La Naturaleza de tu Ser es tan
Limpia y Pura como la Blanca
Luz de una Estrella, es el Reflejo
de la Sabiduría Infinita. Deseo la
Perfección para Ti, en mis Ojos ya
Eres Perfecto. Yo sólo Veo Tu Luz.

En ti habita la sabiduría y el entendimiento que tanto deseas. Abre tu mente, descubre a la Energía Crística en cada persona, en lo más profundo de su ser. Si tu intención es la de llevar amor a tu corazón búscalo, siéntelo y reconócelo en todos los demás.

Abre tus ojos a la luz. Te rodea por todas partes, incluso cuando los cierras. Has de saber que estoy contigo en cada instante.

En tu mente afrontas constantes limitaciones y dices que son "la realidad". Simplemente las imaginas y luego piensas que son reales. La verdad es que eres libre, más allá de cualquier barrera. Imagina esto en su lugar.

Abre el canal que conduce al centro
de tu corazón. Permite que tu
cuerpo sienta emoción.

Puedes hacerlo.
Eres libre de aceptar amor.
Antes que todo, pide amor
al Amado Yo Soy
la Energía Crística
En Ti.

Lo único que la Energía Crística En Ti puede otorgarte es el perdón y la liberación. Tú no eres malvado, pobre o hiriente.

En todo momento estás siendo cuidado y querido. Deja a un lado la vergüenza, olvídala. Siempre veo tu luz y siempre eres perdonado. La verdad es que has olvidado tus poderes superiores.

Se ha cometido un error. El error se ha basado en las emociones. Las emociones han sido trastocadas. Las emociones no son malas, pero hay una diferencia entre emociones negativas y emociones positivas.

Las emociones negativas se han convertido en el alimento de los seres que desean nutrirse con tu poder energético, en lugar de recibir su alimento directamente de la Fuente de Toda la Creación. Esta forma de nutrirse es malévola, se basa en alimentarse a raíz del miedo que tu sientes y no del amor. Desean que te separares de la Fuente de Toda La Creación. Puedes experimentar emociones negativas, pero es egoísta y no te beneficia.

Yo te traigo felicidad, no dolor. El dolor es una falsa doctrina. Estás perdonado por haber temido a Dios. El Creador Infinito te ama y quiere que regreses. El Amor del Creador Infinito nunca te lastimará.

Regresa a Casa

Amado ~   ~Yo Soy

La Libertad

Cada segundo de tu tiempo es valioso. Haz realidad todos tus deseos, recuerda que estás aquí para cumplir un propósito. Estás aquí para recibir y permitir que se exprese la presencia de la Energía Crística En Ti.

Estás aquí para dar amor al mundo y re-establecer la nutrición del mismo. Sustenta a la Tierra y apóyate a ti mismo.

Acepta la esfera superior de la vida,
Acepta tu libertad

Has estado sumergido en la lucha de las lecciones del karma. Parecería que se te hubiera prohibido estar en paz. Ha llegado el momento de levantarte y liberarte de intereses personales para hacer realidad tu visión más elevada.

Siempre has estado interesado en ti mismo. Incluso cuando sufres quieres saber cómo vas a resolver esto o lo otro. Olvídate de ser y piensa en la luz y el amor. Olvidarte de ti mismo facilita la conexión con la corriente del amor y ayuda a que te mantengas plenamente conectado y que sientas mayor poder.

Hay quienes cuestionan la llegada de la corriente del amor en estos tiempos. Se burlan como si se tratara de otro evento más, pero no lo es. Este tiempo o el milenio no importa, la clave está en la conciencia. La energía siempre ha estado lista para ser desplegada.

QUE LA HUMANIDAD SOSTENGA SU LUZ EN LA INTEGRIDAD. PERMITAN QUE LA GRAN CORRIENTE DE AMOR BROTE DEL CORAZÓN, DESDE LA ENERGÍA CRÍSTICA EN TI

Piensa en el plan maestro. La confianza es lo primero. No es posible confiar mientras la mayoría de la gente siga cerrada, ajena e ignorante ante la naturaleza y el carácter sagrado de la vida, es algo inhumano y egoísta.

Confiar es la Primera Verdad

La vida material ha de tener su lugar. El lugar de la acción. Comprende y confía en tu voluntad y en tus anhelos. Crear es bueno. Crea un mundo físico más luminoso.

Tu mundo está terminando un ciclo. Lo hace con facilidad. El mundo puede completar su ciclo de muchas maneras. El final de este misterio depende de ti, pero hay muchas posibilidades.

Tú estás aquí
para Promover
Mayor Luminosidad

El mundo está cambiando debido a que ha alcanzado un estado de masa crítica. Toda la energía se está centrando en la tierra para que cambie y tome una nueva dirección. La posibilidad de que tu mundo se dirija en la dirección de mayor luminosidad está disponible, de igual forma podría dirigirse hacia una mayor oscuridad. De ti depende la Construcción o Destrucción de tu Mundo. Construirás o Destruirás?

Todo es posible

Estás trabajando para ganar más Espacio, más Vida y más Libertad

Acepta La Vida

Atlanto

Amado ~ ~Yo Soy

La Sabiduría

Al escuchar, ver, sentir y reconocer la riqueza de las palabras de Sabiduría, tu Frecuencia Energética Vibratoria Incrementa. Posees una riqueza espectacularmente grande.

Tienes la riqueza de un millar de mundos

Trae a la Tierra una nueva Imagen de la Realidad. Confía y cree que posees la capacidad de servir a los demás. Sigue a tu Yo Superior. Aférrate a tus emociones y deja que la Energía Crística En Ti te conduzca al corazón de tu consciencia.

Estás aquí por una razón muy poderosa. Aprovecha este espacio para afianzarte y liberarte de las barreras.

Practica lo que Predicas, Se Libre

Estás cerca, pero aún desconfías de quien te guía. Escucha y toma este consejo, quien te orienta está en Tu Interior. Permite que la Energía Crística brote dentro de ti.

Mira con una visión más amplia. Que la voz que viene de tu interior consiga que tu mente escuche. Responde a los pensamientos que percibes.

Los mensajes pueden llegarte de forma emocional, financiera, científica o a través del día a día. En todos los ámbitos que ya conoces y comprendes. Sonidos, colores, símbolos, sentimientos, un lenguaje que habla a través de todos los detalles intrínsecos de tu mundo.

Utiliza los símbolos y las formas para crear una imagen más clara de lo que necesitas para poder avanzar.

Utiliza tu Ingenio Creativo para Manifestar tu Destino. Cree en tu Propio Sueño

El mundo exterior no cambia. Carece de vida, está sin libertad, es atormentado por conflictos constantes y por el dolor. ¿Estás dispuesto a vivir con fe y en confianza, a abrirte a tus sentimientos más profundos? ¿Dudas de estos sentimientos? ¿Te haces estas preguntas? Has de saber que no puedes evitar la experiencia, sólo puedes negarla.

¿Te manifestarás ante mi para que yo sepa que esto no es mi imaginación?

¿Te haces esta pregunta?

Vive tu propio viaje interior.

Yo estoy detrás y en todas las cosas.

Di, "Estoy listo para Ver, **Sentir y Saber** que esto es verdad."

Hay que aprender de cada lección, sólo así podrás despertar. Primero, haz que la realidad cambie en tu interior, y después verás el cambio en el exterior.

Pregunta lo que quieras saber. Las respuestas están aquí mismo, están llamando a tu puerta ¡Ábrela! No hay barrera capaz de detener a Tu Energía Crística.

Deja que la libertad y el tiempo te liberen del pasado. Suelta el peso del temor y levántate. Expresa la verdad que brota desde tu Yo Interior, desde la Energía Crística En Ti.

Serafin

Amado ~   ~Yo Soy

EL AMOR

Libera tu alma de todo lo que te preocupa. Deja de un lado lo que te ata al plano físico. Levántate rápido y más alto.

Confía y ten claro que estoy contigo para guiarte en todo lo que haces.

Si hay algo que debes evitar conscientemente, es sentirte inútil.

Yo estoy contigo para guiarte a la luz de tu propio Ser. Tú eres, nada menos, que un Ser Espiritual muy Fuerte.

Eres uno con la luz y tan valioso como Yo lo soy. Este es tu sueño. Abre los ojos, observa y te darás cuenta que nada es como tú creías y que esta luz no la habías visto antes.

Los dramas del pasado a los que tu mundo estaba atado ya han terminado.

Siente como la Luz Nutre tu Mente y te Da un propósito de Vida. Estás empezando a Confiar. Empiezas a vivir experiencias en Dimensiones Superiores

Estoy aquí para caminar contigo hacia la luz. Estoy aquí, para que confíes y observes este momento. Estoy aquí para ti. Recupera tu poder. Tú tienes la facultad y el deseo de avanzar.

Se tú quien hable de la verdad con claridad. Hay otros que ya lo están haciendo, hay otros que cantan la canción, pero tu aportación es tan hermosa y valiosa como la de ellos.

Tú le estás demostrando algo al mundo. Yo quiero conocer y formar parte de tu mundo. Te he llamado por tu nombre y se que me has escuchado. Estás haciendo lo que deseo que hagas. Aspira a lo más elevado.

Sigue a tu Corazón, llevará al AMOR

Estoy a tu servicio, estoy aquí para llevar tu mente a la unidad. Tú estás aquí para llevar luz a tu corazón. La luz del amor ha vuelto a tu corazón, es allí donde reside y donde arde con una llama eterna.

Siempre te escucho hablar de amor, de crecimiento y de paz. No sientes miedo ni desesperación. En tu corazón hay fe y amor. Vivir así es tu sueño, vivir sin secretos, sin oscuridad, dando seguridad a los demás.

Todo lo que necesitas saber es que te considero valioso. Me siento digno de ser tu maestro y tu servidor. Me siento honrado por tu trabajo y por tu amor. En tu mundo me conocen como la Energía Crística.

Soy quien le concede el grado de maestría a tu consciencia. Y como tal, estoy aquí para darte amor. Un amor que no has conocido hasta ahora, porque podía eclipsar tu experiencia sin que hubieras aprendido tu lección.

Todavía no sabes nada de lo que te hablo y sin embargo, tú eres la alegría del cielo. Esto es algo para sentirse orgulloso.

Bríndate la oportunidad de Sentir
Recuerda las Voces
Y el Sueño de la
Experiencia
Del Amor

Amado ~   ~Yo Soy

Cantar

Recuerda la canción de esa voz única, escúchala en tu mente, esa voz conoce la bondad y desea que la recuerdes.

Este es el sueño de todos los que sufren en la diversidad. Tú sabes que te guío hacia la luz. El amor que deseas expresar está ahí, pero el sentimiento que quieres compartir todavía no ha llegado. Este sentimiento espera a que lo aceptes, para que puedas seguir avanzando.

Da un paso más, mantente entonado y Canta. Que los demás sean testigos de tu felicidad y de tu paz. El amor se mueve en rayos de luz, aunque cierres los ojos siempre está en movimiento. Deja que tus ojos vean y que tu corazón sienta. No puedes privar a tus ojos y a tu Corazón de esta Canción.

Viaja al interior de tu ser y valórate. Yo soy la Energía Crística y te aprecio en cada forma. Yo Soy esa Energía de Amor, soy la Energía Crística que habita en ti, que protege tu camino hacia la profundidad de tu ser.

*La Energía del Amor
que reside en ti
te valora y te ama*

Muéstrate ante el mundo con serenidad. Sin paz te conviertes en una mezcla de nervios y temores que se aleja asustada de la luz.

Se más fuerte y más seguro de ti mismo. Mantente firme ante el mundo y comprométete con pensamientos más puros.

Te guiaré y te cuidaré hasta la culminación de tu evolución espiritual. Cuida de tu mundo físico y emocional, para que en el mundo mental puedas cantar la canción de la creación.

Este es el Mejor Regalo que te puedo dar. Ver la Verdad en el Mundo. Esta es la voluntad de la Fuente Creadora y el Camino de la Luz

*La Naturaleza está en todo
lugar y en cada momento
Conocer la Verdad Provee
Serenidad. Siéntete Tranquilo
y Feliz. Acepta la Gracia y
Acepta Tu Dignidad y tu Valía*

La Fuente de Toda Creación es más consciente que yo, pues creó la vida. Gracias a la vida tengo conciencia para conocer el espíritu y el alma. La conciencia disminuye cuando la oscuridad la oculta.

Ama a tu Creador, es lo único que puedes hacer. Te sientes pequeño y asustado, pues no hay otro regalo que puedas ofrecer a la Fuente de Toda Creación, excepto tu amor. Algo en ti agoniza. La vida es tu regalo, encuentra consuelo en el amor eterno que estás recibiendo.

Sientes y te repites a ti mismo que no eres lo suficientemente bueno. A pesar de hacer bien esto o aquello, a pesar de estar orgulloso de tus logros en el mundo, en lo más profundo de tu corazón tienes miedo a no ser valorado, miedo a ser rechazado.

Es verdad, y con este dolor te esfuerzas por ser mejor. Lo cierto es que no somos nuestros propios creadores. Somos creación y a la vez co-creadores. Eso es lo que eres. Ámate siendo como eres. Eres parte de mi.

*Los Seres que han sido
creados, siempre serán
creación. Consuélate,
pués Siempre
Serás Amado*

Miguel

Amado ~   ~Yo Soy

La Pureza

Emprende el viaje sagrado.
Esta, es una carta para tu corazón.
Te mueves rápidamente y sientes.

Sentir es tener conciencia. Hay otras facultades de tu ser que también se están activando para recibir información. Estás preparado y dispuesto.

El camino que has elegido es más de lo que te imaginas. Todos los que caminan sobre la faz de la tierra ya están listos para este cambio.

La lección consiste en aprender a desarrollar todas tus facultades. Tú lo sabes y estás listo para disfrutarlo y vivir en la Energía del Amor. La quietud es la luz que siempre te guía. Aprecia esta energía, es la que te guía hacia la luz.

Debes estar listo y dispuesto para avanzar sin restricción alguna
La Luz es tu Camino

En otros mundos eres poseedor de conocimientos. En éste, eres aprendiz de sentimientos y emociones. En tu corazón, sabes que la Energía del Amor sigue a la emoción y te muestra el camino en dirección al espíritu.

Todo lo que sabes está invertido. Escucha atentamente esta afirmación y siéntela. No la leas, más bien, nútrete de la verdad, tú eres el Niño del Corazón. Tú eres Creador de Luz, tú eres Luz.

La Verdad te hará Libre
La Verdad es la Luz que no se Ve
La Verdad es el Camino
El Camino está
en tu Interior

No tienes que moverte para encontrar el camino o para ir hacia el camino. Sólo imagina que estás ahí y estarás ahí.

Este es el secreto. Se te revela cuando acabas con tu lucha interior. La lucha no existe, es sólo una ilusión, ilusión es ver lo que no está ahí.

Todo lo que te han dicho se ha basado en prejuicios que han dado forma a tu realidad. Esta realidad se basa en el tiempo; y el tiempo es una ilusión.

El ego es tiempo y mientras exista el ego, existirá el tiempo. Tú, estás hecho de tiempo; solo así puede existir tu conciencia de ego. Lo que estás a punto de experimentar es un cambio total del tiempo. No dejes que te confundan.

Permite que el tema central, que es fácil de entender, sea tu guía. Evita la complejidad. La realidad fluctúa entre complejidad y simplicidad señalando hacia lo simple. Lo simple es positivo.

Es la luz, y requiere del movimiento de las sensaciones para poder alcanzarla. La complejidad es negativa e imposibilita a los sentimientos.

Sientes, cuando tu Alma Acaricia a tu Espíritu y el Espíritu la Reconoce

Reúne toda la sabiduría del Árbol de la Vida y compártela cuando estés preparado para hacerlo. Este es un paso necesario que debes conocer. Prepárate para entrar en la luz.

La Naturaleza de la Energía Crística en Ti, te Guía con Emociones Puras. De esta forma Discernirás qué es lo Correcto para el Niño que habita en tu Corazón

Amado ~ ~Yo Soy

Los Cambios

La telepatía es la forma de comunicar tus sentimientos con la mente superior. A todos los que desean brillar como un faro de luz, les habla la Energía Crística en constante oración.

Tú, estás aquí para transmutar lo negativo en positivo. Para elevarte con la corriente y alcanzar un mayor entendimiento. Permite que esto ocurra. Observa como tu mente se transforma en luz invisible.

La frecuencia del cambio, es movimiento sin sonido, tiempo sin distancia, velocidad sin potencia y masa sin magnetismo.

Marca la espiral de la evolución en el centro de tu interior y transmítele tus sentimientos. Regenera tus palabras a través de tu voz interior. Invierte tu polaridad.

La Fuerza de la Vida manifiesta la Energía Crística En Ti. Ella es quien te enseña, haz de saberlo. El Arco de la Verdad se mueve entre pensamiento y pensamiento. Pregúntate, ¿por qué tu conciencia se preocupa tanto por el pasado y por el futuro?

Escucha como tu mente vaga de un lugar a otro, y siente como se esfuerza por superar las barreras. Tus pensamientos te ayudan a sintonizar, y a entender más y mejor que antes.

La naturaleza de los pensamientos es como la de las olas, se mueve en frecuencias y en longitud de ondas. El ego es un patrón en el tiempo. Siente la naturaleza de la vida con tu verdad respecto a quién eres ahora como ego.

Valoras lo que has aprendido al valorarte a ti mismo.

Tu pequeño sueño es compartido por muchos otros en un constante recordatorio del Espíritu.

En el mundo hay carencias porque los humanos buscan lo que no pueden conseguir. Las carencias aparecen cuando buscamos la separación en lugar de la unidad. Una vida unificada no puede quebrantarse, ni contener menos de lo que es.

Cuando pides algo que no es verdadero, tú eres el único que lo experimenta. Así, te transformas y te reduces en partes cada vez más pequeñas del todo.

No puedes dejar de comprometerte cuando has sido tú quién pidió ese compromiso. Al no cumplirlo estás renunciando al poder por el cual has trabajado tan arduamente. Mide la naturaleza de tus experiencias.

*Yo soy la Luz de tu Mente
y este es el Amor
que espera
ser Nombrado por ti*

Que la luz te guíe y que en ella te transformes en un Ser completo. Resido en esta verdad, espero que ingreses a una nueva dimensión para que la lleves al corazón y al alma de la vida. Esta es tu nueva realidad.

*Te Daré
Lo que me pidas

Pide amor y
Pídelo para todos*

*Pide a la Energía Crística En Ti
que siempre haya Unidad*

Este es el privilegio de tu naturaleza, cuando pides lo que cada alma es capaz de poseer, cada alma lo recibe.

Amado ~   ~Yo Soy

El Mundo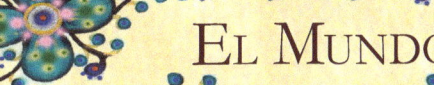

Al pedir menos de lo que mereces, y por la ley de acción y reacción, tu personalidad se fragmenta en mil pedazos. Con esta refracción tu conciencia se fragmenta en múltiples conciencias.

Esto obliga a que haya un reajuste con el que te vuelves a integrar y comienzas a ver la verdad en los demás. Esta forma original ha sido codificada por la inteligencia y ha de representarse siempre de la misma manera. Es la manifestación o la misma radiación que surge del Creador Supremo.

Di con convicción: *"Yo Soy Dios"*

¿Es acaso una blasfemia o una apostasía? El mundo ha trastocado la verdad.

La apostasía es una condición imposible. Es simplemente imposible, y todos se dan cuenta de ello cuando se enfrentan con la absurda tarea de querer redefinir el papel de Dios.

Aunque pudieras hacerlo, no es tu labor. Hasta que te unas con el Creador, no podrás conocer lo que está más allá de tu entendimiento.

Cuando esta unión se hace real es cuando verdaderamente estás alineado y tienes plena conciencia. Entonces tus ojos se convierten en vórtices de tu alma, que conducen a otros de manera profunda hacia la mente del Creador Universal y finalmente hasta el centro del Espíritu que es puro amor.

Cuando estés listo para escuchar el mensaje, te llamaré. Recuerda que toda vida es dulce cuando se mezcla con amor. Esta es la clave que haz de entender.

*Ahora
Te
Guiaré*

Te estás acercando al Corazón
Autoriza a tu Corazón que se abra

Dentro del Corazón
Encontrarás sosiego
En este sosiego,
Yo Soy

He escuchado tus palabras entremezcladas con tus temores. Cada vez que me has necesitado, he estado ahí. Ahora he vuelto para remover tus temores y para permitir que así consigas lo que deseas.

Cambiar por completo es comenzar a resucitar, y tú puedes hacerlo. Empieza por comprender los misterios. Permite que sean estos misterios los que abran tu corazón. Abrirse, significa permitir que tu corazón rebose de amor. Ábrete y déjate nutrir.

Te he escuchado pedirme ayuda a lo largo del tiempo. He visto tu luz y tu mente brillando, buscándome en la oscuridad. Yo no estoy en la oscuridad. Busca luz en la luz. Busca alegría en la alegría y busca sabiduría en los sabios.

*Yo estoy aquí para Servirte,
para llevar tu conciencia al
Corazón de la Energía Crística
La Vida es Igualdad,
ni más ni menos.
Todo es Posible*

Amado ~  ~Yo Soy

El Niño

Abre los ojos, fíjate en los sabios y sigue el espíritu de la verdad. Esta es la energía del amor, la Energía Crística En Ti. En ti mismo se encuentran las claves.

Es tu propia luz la que te guiará. No hay otro que siga tu camino. Te guiaré hasta la entrada, pero eres tú quien ha de cruzar el umbral y entrar. Eres tú quien ha de seguir caminando. Lo que yo te pido es que vuelvas a casa.

*Te llamaré sin cesar
hasta que regreses
En tu interior
espero tu Retorno*

Tu ser cambia a medida que cambia el mundo. Estos cambios suceden seas consciente de ellos o no. Esta es la muerte a la que tanto temes, pero no haz de temer, hijo. ¿Acaso no te he enseñado que la muerte no es algo a temer? Sólo es una transición momentánea de un lugar a otro. Te he enseñado a que el miedo no te paralice.

Pide ser consciente de esto mediante una visión interior, para que esta imagen se grabe en el fondo de tu ser. Yo lo hice, y tú también lo harás. Esta es la llave que abre tu propia puerta.

*Busca primero el Reino de los Cielos.
He de pedirte que ¡Confíes!,
esa es la primera verdad.*

Lo que necesitas es confiar. Permite que tu corazón se llene de abundancia y alegría. Eres un retoño del corazón, transfórmate en el retoño de la Energía Crística. Este es tu destino.

Hay otro camino, pero es largo y oscuro y te alejará de mi. Si lo sigues, saldrás de tu propio ser para ir donde no hay nada, donde el sueño se expande y la marea se aleja de la luz. Esta es la dirección que te alejará de mi, de mi corazón.

Sólo puedo decirte que eres tú quien toma la decisión, Yo no puedo decidir por ti.

Lo único que puedo hacer es llamarte y rezar para que me encuentres en tu corazón, para que vuelvas a mi y así podamos cumplir con el plan de amor. La Fuente de Toda la Creación quiere que se establezca la verdad, por lo tanto, te pido que recuperes esta visión. Que la visión del amor sobre todas las cosas encaje en completa armonía. Hay un propósito y un plan detrás de tu vida.

*Tú no recuerdas nuestro plan,
así fue pre-establecido.
Creaste el tiempo para poder
pensar que estabas solo.*

Querías probar tu determinación para sentir amor y comprender que la verdad y la confianza van de la mano.

No importa que los demás cuestionen la validez de estas palabras, tampoco importa que cuestionen tu conocimiento.

Descubrirás que todo está invertido. Puede que te falte paciencia para continuar, más el camino es seguro y el destino está garantizado.

*El tiempo
es irrelevante
Con este
pensamiento
tu viaje
ya ha
terminado*

Sananda

Amado ~   ~Yo Soy

El Puente

Has trabajado toda tu vida para construir un puente que te lleve de regreso a tu Yo Superior. Yo soy el puente. Yo soy la Energía Crística en Ti.

Yo soy quien mantiene la Puerta Abierta. Entra en el Reino

Se ha planteado que tu retorno sea feliz. Hay festejos aguardando tu aceptación.

Libérate de lo que te detiene aquí. Permite que tu energía vuelva a su origen. No temas. Estás bien provisto. La seguridad está en tu corazón y en ningún otro lugar.

Esta es la verdad

Sin la fuerza de la Energía Crística no estás a salvo en este mundo. Sin este amor, pierdes lo que tienes en cada momento. No temas, solo disfruta y ama. Ahora mismo, en este preciso momento, aférrate a tu amor, expresa sólo lo más elevado.

Si ahora mismo pudieras liberarte de esta lección, si pudieras alejarte dejando todo atrás y sin preocupaciones, ¿lo harías? Si yo te llevara ahora a los lugares más elevados, ¿vendrías conmigo? Ya puedes hacerlo, pues esos lugares pueden ser tuyos si tú lo permites.

Todo está protegido
Y cuidado
No hay dolor
Permite que Brille la Luz

Me llamas y me preguntas de nuevo, ¿Por qué siento tanta resistencia? Y yo te respondo una vez más, que has olvidado que el plan es que seas libre.

El plan siempre ha sido que te liberes, y en esta búsqueda estamos juntos. El camino está para expresar libertad en lugar de resistencia. Yo no pondré resistencia. Reconoce la alegría de la Energía Crística En Ti. La alegría no debe retenerse, es necesario expresarla.

Yo permito que se exprese
la luz sanadora,
la energía y la abundancia.
Es de lo que estoy hecho.

Estoy en la luz, la luz de mi
perfección y por eso soy luz.
Puedo expresarla y creo en ella

Caminaré a tu lado y haré
lo que el plan requiera para
que vivamos nuestras
vidas con libertad

Yo soy el plan de amor y el luz
en gracia y aceptación perfecta
En mi corazón reside el hijo

Yo soy el hijo que acepta
la Energía Crística En Ti.
Respondo a la llamada, estoy
listo y dispuesto a seguir
el camino de la libertad

Estoy preparado para volar, preparado
para liberarme y reencontrarme

Estoy listo para confiar en tus consejos,
y para aceptar tu visión mientras camino
contigo hacia la luz

Yo te conozco y sé que en tu corazón habitan las bondades del Creador Infinito, quien ha traído felicidad a la vida entera. Se que tú estás en el amor del Creador que te ha creado.

Estás conectado en todo sentido
a la hebra central que guía
tu regreso a casa

Quan Yin

Amado ~   ~Yo Soy

POR SIEMPRE

 éjate guiar por la inteligencia y sigue siempre su plan. Te llevará a casa. Estás más cerca de lo que crees. En el silencio has encontrado la Energía Crística y en este silencio existe el latido de tu corazón guiándote al amor.

Te Guío a Tu Interior,
Yo Soy la Energía Crística,
Te llevaré a Casa.
Te guiaré a tu hogar,
al amor del Creador Primario,
a la Fuente de toda la Creación.
Este es tu legado,
es la verdad

No haz de hacer nada, excepto aceptar y disfrutar de tu vida. En esta verdad reside tu libertad. Déjate llevar más allá de la conciencia del tiempo, pues fuera del tiempo seguimos siendo Uno. Nuestra trayectoria va más allá del tiempo y nos movemos en el río del amor.

Este río fluye sin las limitaciones del tiempo, y es guiado por la inteligencia. El tiempo es sólo uno de tus atributos. Tú eres la conciencia de la sabiduría y de la inteligencia. Este es el camino de la luz.

Cuando estás lleno de amor, estás más cerca del centro de tu alma, allí eres uno con tu propio ser, y con toda la creación. Este es el camino interior.

La Energía Crística En Ti es quien te guía a casa. Estoy aquí para guiarte, soy la expresión y el canal del amor que te permite escuchar y ver.

Esas palabras afectan y alteran tu conciencia. Se percibe un cambio en tu actitud. Siente como la Energía Crística En Ti es quien inspira esas palabras.

He sido perdonado ante tus ojos, por ello he perdonado al mundo entero. Cuando existe la disposición de perdonar los errores de todo el mundo es cuando hay buena voluntad. Cada alma recibe orientación.

¿Estás preparado para que brote la Energía Crística En Ti?

Habla desde el corazón del amor y como un miembro de la Familia de la Luz. Esta es la simple realidad de la historia de mi vida. He perdonado al mundo entero, no sólo a una parte o a unas personas, sino a todos. No me he olvidado de nadie.

Yo Soy el Camino y la Luz,
estoy libre de todo error
pues he perdonado
a Todos

Quienes no perdonan son juzgados por otros. Con cada crítica acumulan más errores o faltas que les mantiene en conflicto y confusión; y se ven en la necesidad de recibir más lecciones para aprender a perdonar y poder avanzar.

Hasta que no haya perdón, no habrá avance verdadero. Cuando aquellos que van más allá se purifican, podrán trabajar en el mundo para ayudar a salvarlo.

Perdona a Todos
Ahí reside tu Paz,
la Paz de la
Energía Crística En Ti

Amado ~  ~Yo Soy

LA ENERGÍA

Vive en la energía que nos brinda el Creador. El Creador Infinito nos da todo lo que necesitamos. Somos perfectos. Nos dirigimos a la iluminación. Hemos alcanzado la paz.

La Luz de nuestro ser no es nuestra, sino del Creador. Siente como su luz emana a través de tu ser con plenitud y alegría.

Vive en la energía del amor. El amor proviene del Creador Infinito y forma parte de cada átomo de nuestro ser. Reconoce este sentimiento y experiméntalo con la perfección con la que respiras energía.

Somos perfectos

en nuestro propio camino,

El Camino a la Iluminación.

Vive en la Luz de la Inteligencia

y lleva luz a todo lo que anhelas

aprender y entender

Te espero en el interior del santuario

Te espero, seas hombre o mujer, joven o anciano, débil o fuerte. Estás dentro del Creador y con cada aliento te acercas más.

Los deseos te mantienen alejado. Los deseos no son importantes ni permanentes. Piensa en las cosas que te alejan de la Fuente Creadora y descubrirás que no hay nada que no forme parte de ella.

Tu familia es parte de la Fuente Creadora y el placer de tu existencia se completa con el Creador. Es comprensible que tengas necesidades, pero los deseos representan cosas que no necesitas.

En Tu Interior

Ve más allá de sensaciones y aspiraciones superficiales, que sólo ocultan tu búsqueda real. Tu verdadera búsqueda comienza en este momento.

Comienza con las palabras que escuchas. Estas palabras te desafían a escuchar tu voz interior. Yo estoy dentro de ti, esperando a que me reconozcas.

Acepta el Amor,

mira la Luz

del mundo espiritual

que llevas en tu interior

Libera tu mente de berrinches inútiles, y de la codicia del mundo material, emocional y mental.

En la quietud de la Paz

espero tu regreso, sé que será

gozoso y completo.

No puede ser de otra manera, en nuestra dimensión no existe el factor tiempo que pueda impedir este Destino. Sé que sientes esta Luz y que regresarás a ella.

Expándete en la Luz,

ve hacia afuera

y luego regresa con

Sabiduría y con la

energía del Amor

que te protege

Miguel

Amado ~      ~Yo Soy

La Verdad

La separación te hace sentir dolor y creer en él. Por mucho dolor que seas capaz de soportar no te servirá de nada.

El dolor es impuesto por algo que en realidad no es posible. No es posible morir ni matar, enfermar, ni ser malvado.

No es posible estar solo, enloquecer, valer menos que otro o ser tratado injustamente. No es posible, porque eres parte de Todo lo que Es y La Fuente Creadora del Amor Eterno es compartida con ecuanimidad por todos sus hijos.

*Somos Uno con la Fuente Creadora,
esta es la Divinidad de la Humanidad.
La Unidad es la Esencia de nuestro ser
La Divinidad nos garantiza Amor Eterno.
Nada puede dañarnos ni avergonzarnos
Todo ha sido Perdonado*

No estás desamparado, tampoco fuiste abandonado. Ya has sanado y sientes esta curación. Esta plenitud no es sólo tuya sino de todos.

Perdona al mundo. El mundo es tu reflejo. Descubre en el mundo lo que ves en tu interior. Yo veo lo que hay dentro de tu ser. Veo tu amor y tu sabiduría.

*Tu Naturaleza es Amor y Sabiduría
Exprésala con Inteligencia*

*El único Ser que existe es
el Creador Infinito
Todos somos Uno*

El tiempo es lo único que impide que te des cuenta. El tiempo es una barrera que llevas a tu espalda impidiendo que te manifiestes. Pasará como las vibraciones de tu pasado y como tus deseos de querer experimentar. La ruta de tu alma te lleva de vuelta al hogar, al amor y a la sabiduría. Con mi respiración siento que ya estás de vuelta.

Con la respiración interiorizas, evolucionas y recuperas tu centro, tu estabilidad. Con esto no pierdes tu identidad. La Ascensión es la alegría en la búsqueda de encontrar la propia identidad.

Esta evolución es una simple constatación del ser, que se reconoce como el Amado Yo Soy, plenamente consciente de su infinita y eterna naturaleza. Está más allá de la comprensión de la mente concreta y lógica.

*Experimenta esta totalidad
dentro de la Conciencia de
la Energía Crística*

*Vive tu sueño y actúa a favor
de tu propia evolución. Todo lo
que se oponga a tu mayor bien te
sumirá en la confusión y el dolor.
Estás manifestando una luz
cada vez más brillante.*

*Deja que se
Manifieste
la Energía
Crística En Ti*

Amado ~      ~Yo Soy

Transformación

La naturaleza femenina del ser está renaciendo, se está expresando con el desarrollo de la intuición. Desde tu interior recibes conocimientos de forma perfecta y firme. Tu vida se está transformando rápidamente.

Están naciendo almas nuevas con una mayor capacidad de comunicación telepática

Los padres son profesores. Todos somos padres y profesores. Tu papel como padre es ser como un auxiliar de vuelo. Honra tu papel y tómate el tiempo necesario para desarrollar esta confianza sagrada, y para dar a tus niños de cualquier edad, oportunidades para que expresen sus dones.

En la encarnación está la curación

Las fuerzas de la oscuridad y los pensamientos negativos se están desmoronando. Con la transformación global nos estamos liberando de toda forma de pensamiento negativo. Miles de millones de almas están encarnando con este propósito. Con la encarnación llega la curación. La curación de nuestra forma de pensar.

Los pensamientos adquieren forma teniendo como base a tus deseos personales. Que su energía se distribuya

Eliminar tus deseos personales puede resultarte muy perturbador sino lo haces desde la aceptación. Aprende a soltarte con la cálida y pacífica cualidad sanadora del amor. Su empatía por la humanidad se ofrece sin apasionamiento.

Con experiencias profundas y con aprendizaje, la humanidad está sanando y se está uniendo para volver a brillar en su totalidad

Te has engañado a ti mismo, pensando que no eras parte del Amado Yo Soy. Ese auto engaño de separación sigue siendo fuerte y todavía tiene peso para tí.

Hay una diferencia entre querer algo que no puedes alcanzar o desear algo que ya tienes, aunque todavía no puedas verlo.

Desea la vida eterna y la juventud que ya tienes.

Desea la riqueza que posees.

Desea la fortaleza que ya es tuya.

Desea el amor que ya existe.

Desea la sabiduría que te conducirá a la iluminación

La humanidad, incapaz de aceptar, finge que:

- lo divino no existe, cuando que hay divinidad por todas partes;

- no existe el amor, cuando que el amor es lo que impregna todas las cosas;

- no estás a salvo, cuando que a cada instante resides en el reino de los cielos;

- no hay verdad, aunque todo lo que pides se te concede;

- no hay esperanza, aunque no haya necesidad de ella cuando llegas a comprender el Plan Divino.

Amado ~   ~Yo Soy

La Concepción

Comprende el significado de tus pensamientos. Los pensamientos crean resonancias armónicas. Si el pensamiento es puro y limpio, eso es lo que atraerá. Si es discordante, también lo será el pensamiento siguiente.

La mente se parece a un instrumento musical. Funciona con una gran variedad de ritmos y melodías.

Encuentra el Propósito que te Proporcione la Máxima Expansión y Alegría

La mente inconsciente siempre crea lo que necesitas entender y explorar. Te da experiencias instantáneas, que te vuelven más sabio y te indican hacia donde necesitas dirigirte.

Escucha y sigue a tu intuición. Permanece al filo del camino afilado del discípulo, adentrándote en la luz y conociendo tus pensamientos y sentimientos. La vida, como por arte de magia, expresa lo que tu piensas.

Tu Propósito

Adueñate de tu propósito y fortalece tu vida. Eres un co-creador. Crea una vida real. Hecha a imagen de tus pensamientos. Esta es la última hora, previa al nuevo amanecer. La luz del sol naciente se alza en el horizonte.

Levántate y despierta del Sueño que hay dentro del Sueño. Avanza hoy mismo

Rodéate de otros que ya han despertado al amanecer. El cambio te hace consciente del gran plan. Deja atrás los sueños de dolor, que te acechaban en la larga y oscura noche.

Abre al Sol los ojos de tu interior Mira la luz del mundo

Creer simplemente ya no es suficiente para ti, ya no. La gracia que posees, te ha sido concedida para que seas co-creador. Esta es la sobrecogedora realidad de la que formas parte.

En el sin sentido del tiempo, hay una Oportunidad En el Universo Infinito del Amado Yo Soy, hay Evolución

Tú eres una parte esencial, eres quien expresa y crea. Eres hijo de la Fuente de Toda Creación.

Cuando eres niño, creces, lo haces bajo la tutela de tus padres. Ahora, quien guía tu camino es tu propia Energía Crística y estás aprendiendo a tener criterio propio. De pequeño eras inocente y no tenias conciencia del mundo que te rodeaba. Toma conciencia y descubre qué es lo mejor para ti.

Eres puro de corazón Mantén este Corazón Sagrado. Es en él donde nace la Energía Crística En Ti

En la Quietud, Escucha el Latido de tu Corazón Descubre el Amor que te mantiene a su lado

Pablo el Veneciano

Amado ~   ~Yo Soy

LA ESENCIA

**T**u esencia es el amor. Es una esencia vibrante, inteligente y amorosa. Los pensamientos son creación de la mente. La esencia de la mente es el amor. El mundo necesita sanar para convertirse en un lugar justo y sagrado.

El cuerpo también tiene mucha necesidad de sanar, porque el cuerpo es el escenario de los pensamientos y de la mente. La delincuencia, la enfermedad y la pobreza son escenarios que se despliegan vívidamente en tu mundo.

El cuerpo es el recipiente sagrado del alma y hay que comprenderlo y honrarlo. Tu alma no es el problema, el problema es una idea falsa, una situación. Deja que se vaya. Alcanza la rectitud curándote a ti mismo. Al creer en la curación consigues una vida de abundancia.

Veo la Conciencia
la Evolución y la Resurrección

El gran propósito tiene muchas facetas, muchos colores y oportunidades. Tú tienes mucho que ofrecer al Ser Supremo Universal. Ofrécele la restauración de la salud y la curación en tu interior de todas las relaciones que mantienes.

Considera al corazón como la flor de la vida, que crece para expresar belleza. Es una flor inofensiva y hermosa que trae la esencia del sentimiento y de los pensamientos conectados al gran sistema, a través de la amplitud del universo.

¿Que fruto vas a dar tú?
Siente como con cada pensamiento,
floreces en respuesta a la luz universal.
Siente la fuerza de la vida que
fluye para expresarse.

La mente es una y permanece unida a la Fuente Creadora, pero tú existes como entidad individual co-creando nueva vida y aprendiendo, así es como la Fuente Creadora permite lo infinito.

Si tu semilla es pura,
todas tus generaciones
venideras también lo serán.
Permanece puro y ofrece perfección.

Responde al infinito con veneración,
admiración y reverencia. El infinito
utiliza la energía de la resurrección,
como entrada a una vida más
espiritual.

Libérate de las limitaciones. Encuentra la satisfacción, como lo hace esa gota de agua que fluye desde la roca a la corriente del río. Vincúlate de nuevo con la familia, ya no hay separación. Se como el río que fluye hacia el océano. Renace en la unidad de la eternidad.

Perdonar

Perdona y olvida la trayectoria de tus actividades diarias. Por un momento, comprende la naturaleza de lo que eres. Tú existes como uno entre una serie de almas que trabajan al unísono, estrechamente intercomunicadas.

El amor y la mente de los demás son similares a tu propia mente. Estás hecho del mismo amor. El amor que das a los demás regresa a tí. Es la esencia y el núcleo de la vida, y el amor utiliza a la mente para expresarse. Expresa tu amor a la tierra y a la humanidad.

Que la paz llegue
al reino de tu mente.
Limpia las imágenes de
tu mundo como puedas,
sana el mundo al que perteneces

Amado ~   ~Yo Soy

La Vida

La fragancia exquisita de la vida espiritual abre las puertas a un nuevo día revelando una nueva visión. El dulce aroma de la vida te conecta a una nueva luz que brilla desde tu corazón.

Ya conoces el mundo en el que vives, es un mundo externo atrapado en la ilusión. Aléjate de las ilusiones. Te haces preguntas sobre la situación económica, sobre la tierra, las tormentas y sobre todas las cosas materiales que deseas a nivel físico y ¿qué es todo esto?

En este mundo físico te preocupan los fenómenos, las fuertes tormentas, la guerra, la pobreza y los delitos. Pero concentrarte en esto no te acerca a las respuestas verdaderas.

¿Qué tiene sentido para ti?

¿Qué va a estar siempre contigo?

Serás perdonado por lo que hayas hecho, no hay nada de lo que tú hagas que sea significativo relacionado con la destrucción y la regeneración. La naturaleza se llevará tus tesoros físicos, en el mundo físico no hay nada perdurable.

En la Vida Espiritual,
nuestro Maestro camina
con Inteligencia y Amor junto
al Creador Infinito.
El Maestro enseña.
La lección ha de ser aprendida.

Crees que el lado práctico de la vida no sabe nada de este maestro. En esta vida práctica crees en el dolor y en la pérdida. Nada sobrevive al Tiempo.

En tu mundo no existe nada mas allá de tus pensamientos. Tú eres quien crea la lección. Los maestros te piden que la aprendas.

Más allá de tu más alta realización
Aprenderás a aceptar el Manto de
Poder de la Energía Crística En Ti
Acepta ese poder sin bloquearlo

Pide gracia, pide que puedas liberarte. Te resistes, y la Energía Crística no puede liberarte sin tu consentimiento.

Lo que yo te ofrezco es lo mismo que he recibido, sabiduría para que puedas soltarte y permitas que la Fuente de Toda la Creación te guíe. Esto te da el poder para canalizar la sabiduría de la Conciencia Crística.

Vive, muévete y respira en la Realidad Espiritual. Esto es lo que deseas en Secreto. En este mundo has eludido tu mayor deseo. Pide que se haga realidad lo que has venido a hacer

Cuando estés listo para
pedir, pide que puedas
convertirte en un canal para
la Energía Crística

No es difícil. Anhela seguir los pasos del maestro. Descubre quien eres en realidad. Se el arquetipo de la humanidad. Conviértete en un canal claro.

¿Crees que si lo haces eres un arrogante o que te estás engañando? Déjate de engaños y evasiones. Opta por despojarte de la resistencia y la lucha.

Ser Energía Crística no es difícil ni misterioso

"Yo Soy"
la Energía Vital
y Radiante de una
vida Espiritual
Justa y Creativa

Amado ~      ~Yo Soy

La Espiritualidad

xprésate con la voz del Amor Eterno, tienes derecho a hacerlo y es todo un privilegio. Proyecta el poder de la Fuente Creadora. Tú eres Co-Creador.

 La Energía Crística Conduce a la verdad

La verdad no permite sustitutos. Este poder es tuyo y te conduce a la unidad. El poder y la pureza del Amado Yo Soy, garantiza que no puedan cambiarte.

Este es el poder del Amor

Las ilusiones, el dolor, el sufrimiento y la vergüenza se crean en tu propia mente cuando tú así lo dispones. Al alejarte de la realidad y de la presencia del Creador Universal, un velo ilusorio cubre tus ojos y evita que veas el amor de la presencia del Amado Yo Soy. Observa las ilusiones y observa la verdad. Cuando eres uno con el Creador Universal, puedes decir:

"Yo soy la verdad, el camino y la vida."

Como es el Divino, también eres tú. Utiliza tu poder creativo y sigue el camino de la verdad y de la vida, así es como tu vida se completa y clarifica.

El Poder del Espíritu Santo actúa a través de la mente del Creador Infinito. Este río de energía espiritual fluye con rectitud.

Has sido creado a imagen del amor eterno para ser un co-creador. Cometes un error grave si vives en la ilusión creyendo que es la realidad. Sólo tú puedes ver esta ilusión. Quienes poseen una mentalidad similar muestran error.

Respeta el poder del Amor Eterno

Te extravías de tu aventura, porque todavía sientes que debes ser el dueño, que tienes que controlar y poseer. Esta mentalidad materialista frena tu visión y no te permite ver el valor de las ideas que van más allá de todo esto.

Un Canal de la Energía Crística sabe que este mundo ha de comprender qué es en realidad

Eres un niño que vive en un pequeño planeta que necesita despertar del sueño

El Amado Yo Soy te llama y te pide que despiertes

Estás soñando, es un sueño poco placentero y que no se ajusta al reino de la divinidad. En tu hogar reina la felicidad y la verdad.

La personalidad no tiene fuerza. Aunque parezca fuerte en el plano físico, es débil en el reino espiritual. No hay nada en el mundo físico que puedas poseer ni retener.

El cuerpo envejece y muere. La comida que no se consume se pudre o le brotan raíces cuando no se aprovecha en su tiempo de maduración. Sin la ayuda de la naturaleza el aire se contamina. No hay nada en este mundo que puedas retener. Sin la vida espiritual nada tiene sentido.

Toda revelación es espiritual.
¿Estás listo para ser un canal de la Energía Crística?

La vida espiritual crece como un árbol en la corteza terrestre. El Árbol no es dueño de la tierra ni de la luz, no es dueño de la lluvia ni del aire, no le pertenece la creación de su propia vida. El Árbol crece en armonía, de acuerdo al deseo de su creador y respeta su semilla.

Rowena

Amado ~ 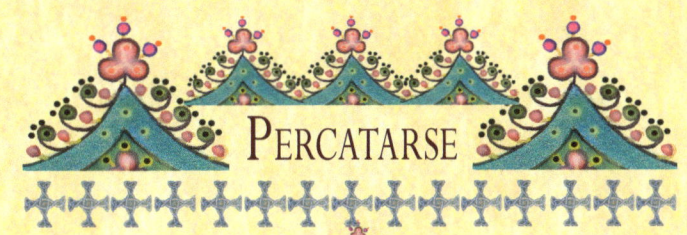 ~Yo Soy

Percatarse

Deja de lado tu impulso intelectual y permite que la vida espiritual rija tu entorno. ¿Por qué temer a que ésta comprensión brote dentro de tu corazón?

*¿Quién puede impedirte
ser como la Energía Cristica?
Ser como ella te dará fortaleza.*

Sin esta energía, eres como una personalidad física moribunda, enfrentada a los deseos y al dolor. ¿Consideras arrogante anhelar ser como el Creador Infinito? Eso sería, como afirmar que la Energía Crística es arrogante, o similar a decir que el Creador es un monstruo. Si eso fuera arrogancia, nadie desearía ni anhelaría parecerse al Creador.

*Se la Energía del Amor Eterno.
Completo en su
Grandeza y Perfección.*

¿Por qué iba alguien a evitar ser como la Fuente Creadora? ¿Tienes algo en contra de la Energía Crística? La divinidad no castiga a nadie ni convierte su vida en un martirio. Es todo lo contrario. Si tu fueras la Fuente Creadora, ¿Castigarías a alguien? y en ese caso ¿en qué te convertirías?

La Vida Necesita que Hables

Como canal de la Energía Crística, estás aquí para que se muestre la palabra y se revele el cielo en la tierra. No es que te hayas vuelto malvado, sino que no estás dispuesto a aceptar el poder que se te ha dado, porque deseas seguir perdido.

¿Quieres seguir perdido?

Todos los que están recorriendo el camino saben que están en él. Tú sabes que estás perdido y que tu personalidad es una ilusión. Ves como cada Vida se enfrenta a dilemas y problemas.

*¿Por qué están ciertas personas en tu vida?
¿Qué te aportan estas personas?*

Ellos te ayudan a cambiar, para que puedas liberarte del miedo al que te aferras. Te obligan a dejar atrás tus problemas y a convertirte en el santo grial.

Cuando ya estás preparado y vacío, es cuando recibirás la fuerza del Creador. Conviértete y acepta el poder de la Energía Crística dentro de tí. Reconoce que cada persona ha sido creada con la Luz Divina que brota de la Energía Crística. Ellos sienten el mismo tipo de amor.

*Mira en tu Corazón
y libérate del miedo
Sigue el Camino
que te he mostrado
para Sanarte y Perdonar
Este es el Camino de la Luz
Brilla en los lugares oscuros
Renueva la Vida debilitada,
Llevando el fuego al Centro,
para que todos podamos
Compartir de Nuevo su Calor*

*La energía del Amado Yo Soy
habita en todas las cosas
Te pide que en
cada momento
veas la Unidad, que en cada
momento comprendas donde
está la Fuente Creadora y en
donde no lo está
Cuando descubras esto,
descubrirás a la
Energía Crística En Ti*

Sanat Kumara

Amado ~  ~Yo Soy

El Despertar

La Madre Tierra ha despertado y está haciendo que el amor eterno regrese a su hogar. Ha estado durmiendo junto a su hijo, que eres tu, y tu ya estás a punto de nacer.

Estos son nuevos tiempos con nuevas energías que están cambiando tu mundo. La verdad habita en esta tierra y está brotando y despertando por medio de ti. Esta es tu dimensión.

Ábrete a un mayor entendimiento y comprende qué y quién eres. El poder para vivir una vida plenamente consciente, es tuyo. El poder para liberarte del dolor te pertenece.

Has recorrido el camino del miedo. El miedo siempre está ahí, hasta que comprendes que eres tú quien lo crea, para separarte e impedir que te conviertas en un canal de la Energía Crística.

Como canal de la Energía Crística abandonas el miedo, la ira y el odio. Aceptas y perdonas a toda la humanidad, no solamente a los que están bajo tu cuidado.

Todos merecen ser perdonados

He perdonado a todos los billones de billones que se desviaron de la verdad para seguir el camino del dolor. He perdonado todas y cada una de las ofensas y agresiones que sufriste, y he perdonado tus pecados, tus ofensas, lo que has hecho y lo que has dejado de hacer.

Yo perdono a aquellos que son víctimas, a quienes permiten que otros minimicen su poder y no aceptan su fortaleza espiritual. Yo perdono a quienes recorren el camino de la oscuridad, del control y del abuso.

Cuando Eligen Aceptar la Luz, yo les perdono. La ley traerá de vuelta la verdad. He perdonado a los débiles que, por carecer de fe en la Fuente de Toda la Creación, no han aceptado la Luz. Cuando elijan la luz, sanarán.

Ante mis ojos has sido purificado por la gracia, la sabiduría y el perdón del Amado YO SOY.

Nadie desea sentir ira, dolor, venganza o maldad, saben que no está bien. Pide tu propia sanación. ¿Por qué el alcohólico que se ha perdido en su propia miseria, está condenado por el dolor que soporta?

¿Por qué hay tantos niños violentos que no sienten respeto por la vida? No tienen quien les guíe, no hay nadie que les muestre el camino que les conduzca a la luz del futuro. Conviértete en un canal de la Energía Crística, enséñales con tu ejemplo y guíales de vuelta a casa.

Cuando eres un Canal de la Luz de la Energía Crística no hay oscuridad. Tú perteneces a la familia de la Luz

Hablaré en tu nombre, seré tu aval y serás perdonado. Te perdono como yo he sido perdonado. Esta es la gracia del amor Infinito del Creador. Se te ha dado poder, amor y paz.

¿Acaso no te sientes digno de ser lo que en tus pensamientos más secretos siempre has anhelado? Cuando seas llevado a la Luz deja que brille, no la ocultes. Bajo esa luz brillante se ven tus acciones y son juzgadas como merecen.

*Siempre eres amado,
nunca estás solo
Por favor,
toma mi mano*

María, Madre

Amado ~      ~Yo Soy

La Luz

Siente en la luz, como tu alma te da el derecho de ser. Despierta y eleva tu espíritu. Mira el pasado con una visión perfecta y nueva, entra en un nuevo entendimiento.

*En cada Corazón
hay un núcleo central,
y todos buscamos ese Centro.
En la quietud del Alma
se encuentra esa parte central
que nos Despierta*

Libérate de tus barreras y ábrete. Se lo que eres. Permite que suceda. Descubre el centro y encontrarás la paz. Yo estoy aquí para llevarte hasta él.

Levanta la Cabeza

Permite que se presente la Luz

Deja que la Luz te Eleve

En otros tiempos, la paz a estado ausente. Ha habido sueños diferentes, pero nunca paz.

La paz que es verdadera se mantiene y perdura. Si te encuentras en este punto, es porque en realidad no has deseado plenamente estar en paz. Te enfrentas a conflictos que justifican tus propósitos. ¿Y cuál es tu propósito? ¿Qué te motiva?

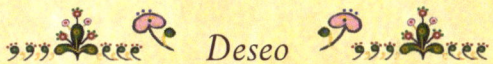

El deseo de conflictos trae violencia, perpetúa la rabia, y no deja lugar para la gratitud. No estás agradecido por sentir dolor. No puedes estarlo. El alma no conoce el dolor.

No hay nadie que prefiera sentir rabia en lugar de paz, ni sentir odio en vez de amor, ni miedo en lugar de sabiduría. Pero en la oscuridad y la ignorancia es esto lo que haces.

Permite que

el Amor se Manifieste

Permite que yo, y todo aquel que como tú espera ante la puerta, te hablemos libremente. Cruza el umbral y entra, porque estás perdido, más que aquellos que tratan de buscar algo en medio de la jungla y lo que encuentran son sólo dificultades.

Tú, ya entiendes qué es estar en paz y sabes lo que siente tu corazón y aún así estás todavía esperando ante el umbral. Deja que todo tu ser lo atraviese, ya sabes cual será el resultado. Escucha la música que suena dentro del templo.

*Tu alma te espera en el interior,
donde reina la paz,
la felicidad,
y la iluminación*

Esto es Verdad

Este es el Camino

Estoy aquí para guiarte, mis ojos se llenan de lágrimas ante tantos conflictos, sin embargo tú sigues esperando. Sigue las huellas de quienes te han precedido en esta búsqueda.

Ya conoces el sendero de la iniciación y has recorrido un largo trecho como para detenerte frente al umbral. Esto no lo haces sólo por ti, es para toda la humanidad.

En la Luz
no hay soledad

Amado ~   ~Yo Soy

La Voz

De nuevo escucho en tu corazón: "No deseo que la Energía Crística tenga control sobre mi". No es Jesús como persona quien entra en tu Corazón, lo hace la Conciencia y la Esencia de la Energía Crística que fue encarnada en Jesús. Él forma parte de esta corriente energética, es uno de los componentes para tu despertar. La esencia de Jesús es pura y verdadera en su totalidad y aceptación.

Guiada por la voluntad del Padre, la Conciencia de la Energía Crística se centra en el maestro, por voluntad del Padre. Respeta y utiliza este poder para sanarte de verdad.

La Energía Crística se manifiesta de muchas formas, utiliza muchas voces. El camino está dentro de ti

La Energía Crística expresa la verdad y la divinidad de la vida. Sus frutos son puros y dulces. La Energía Crística siempre es justa. Con un corazón puro y cristalino, conciencia es como una perla que vive en tu interior.

La Energía Crística manifiesta su fuerza espiritual y su poder creador mediante la combinación de la esencia del divino Padre y Madre

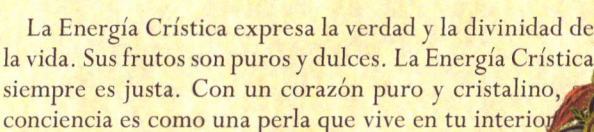

La Energía Crística es la Verdad y Ve tu Bondad. Buscando el Mejor Camino, consigues proyectarte para ser como el Amado y Divino YO SOY

Como hijo del Creador Infinito, has buscado esto, pero de forma egoísta. Siguiendo esta dirección, siempre has tratado de tener más, de ser más.

A pesar de los obstáculos del camino, has seguido pensando en tener más, en ser más. Puedes haberte enfocado en el plano físico, buscando cada vez más sensualidad y placer.

Al perder la aceptación de tu yo superior, te has dejado tentar y has sucumbido a la tentación del egoísmo o del mal. Rehusa este falso camino.

El camino hacia la Energía Crística aleja el egoísmo de tu espíritu y te lleva de la inercia a la acción. Sabes que siempre que has perdido el contacto con tu yo superior, el ego o el diablo, te ha tentado y tú has sucumbido a esa tentación.

Estoy contigo para guiarte y para enseñarte un nuevo camino

No permitiré que olvides tu Sabiduría y Amor

El Amor y la Sabiduría son el cambio que necesita tu mundo

Lleva el amor a donde quiera que vayas, de esa forma nunca te faltará la luz que guíe tu camino y el de los que estén bajo tu cuidado. Cuida de todo. En mi corazón abierto se haya el centro.

El Centro se está Abriendo

Mayor se hace el centro cuanto más se abre en ti, estoy consiguiendo que cada vez se abra más. Cuanto más amor te doy, más amor recibo, me lleno del placer divino que el Creador desea para todos nosotros.

***Yo soy uno contigo,
Y me abro al poder
en cada uno de nosotros,
para elevarnos en espiral
a través del Gran Centro
de Nuestro Corazón***

Amado ~   ~Yo Soy

Escuchar

lgo en tu interior te está llamando y te dice:

"Ven conmigo"

Y sin duda yo te llamo, y escucho tu respuesta pues mis oídos son capaces de escuchar las cosas del espíritu. Oigo esta suave respuesta, y sé que llamas para que te escuche y llegue a tu lado.

*Hay otra llamada
para ti, la Escucho ahora.
Me alegro por los demás,
este es un regalo de Amor.
Recibe este regalo, déjalo llegar
al centro de tu ser, permítele llegar
más allá, después que los pensamientos se vallan*

*Se algo más que tus pensamientos.
Siente este conocimiento intuitivamente*

Cuando complaces a tu vecino, te centras, de esta forma permites que la Fuente Creadora alcance y toque a otros a través de ti.

Es así como recibes el poder del Espíritu Santo para respirar e ingresar en la vida de la presencia del YO SOY. Este es el mayor de los amores, y el poder unificador de una relación sincera y sagrada.

*Afronta esta vida de una nueva forma.
Afróntala con el poder
y el coraje para
decir la verdad*

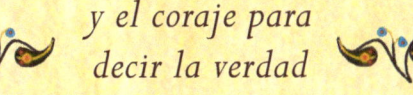

La verdad se manifiesta fuertemente, no es necesario expresarla con vigor. La verdad tiene profundidad, su poder llega al corazón como ninguna otra fuerza puede hacerlo.

*Habla con la
Voz de la Verdad
Vive la Vida Divirtiéndote
Viaja en tu Mente
Conoce la Divinidad
Aparta Tiempo para
estar en Silencio
Siempre se muy Agradecido
Escucha el Sonido del Alma*

Libérate

*Ilumina a la Humanidad
Conviértete en
Inspiración para la
Humanidad
No Hagas Daño,
Se Honesto
Vive en la Prosperidad
Disfruta de la Verdad
Perdona a los Demás
Se Creativo
Ama al Creador Infinito
Con Todo Tu Corazón*

Amado ~   ~Yo Soy

El Regalo

 Entra en el Reino de la verdad, ese es el camino de tu alma. Deseas más Poder. Quieres conocer la poderosa verdad que te moverá y permitirá ingresar al reino.

Se llama Verdad

*De ninguna manera serás poderoso,
Tampoco tendrás coraje,
No serás querido,
Carecerás de estos atributos
    Afuera del Reino*

Esta es la Verdad

Careces de todo hasta que ingresa en el Reino con voluntad. Libérate del falso orgullo que evita que obtengas más conocimiento de las cosas. Esto pierde su importancia en el momento en que ingresas en el Reino de la Verdad y te encuentras a ti mismo

Acepta y Perdónate a ti mismo por soñar una falsa realidad

La realidad no es la que fabricas en el plano astral de los deseos, o en las ideas inherentes a fantasías a los múltiples pensamientos que proveen las galaxias. La realidad es el poder en ti para ser canal de la Energía Crística.

Este poder es tuyo para siempre. Acepta este poder con buenos deseos, y acéptalo plenamente. Haz que este plan sea real y entendido por todos.

Esto es Poder

El tema de tu vida es cuándo? Cuándo dejarás de lado el mundo que no tiene valor? Cuándo vas a cumplir tu promesa? Tú eres la promesa del Amor Eterno, La Promesa de la Divinidad para hacer el Bien.

La Voluntad del Creador Infinito es hacer el Bien y Tú eres esa Promesa.

Aceptación

Ante el altar, acepto ingresar durante la noche y llevar la luz de la sabiduría para guiar a mis hermanos y hermanas hacia el reino. Está hecho a la sagrada imagen y sostiene la presencia en el silencio de la Divinidad.

Escucho un doloroso grito en el desierto. Sé que es el sudario de un alma perdida del conocimiento de este reino. El don de la vida nos entrega la energía para reponernos, lo mismo ocurre con las fuentes de agua que surgen de la tierra.

Yo Soy luz ilimitada y abundante energía. La luz fluye hacia arriba a través de mis pies, hacia abajo a través de mis ojos y se reúne en el centro de mi ser para formar una estrella.

Yo Soy esta Estrella que irradia y te lleva hacia adentro con el magnetismo de la sabiduría y la atracción del amor. El don de la vida se da con gusto, con sabiduría y con el amor del Creador Infinito

El Umbral

Si el día de hoy pudiera darte un regalo especial consistiría en poder decirte lo maravilloso que es este momento. Únicamente oye y escucha el sonido del silencio. Escucha la paz del silencio.

Escucha la paz en cada pensamiento y conoce el amor en cada momento de silencio. La música del silencio conoce solo la felicidad. Las palabras pierden su poder cuando el regalo es la vida.

*La Gracia esta en cada instante
Yo Soy, lo que Soy,
Yo Soy la Energía Crística En Ti*

Amado ~   ~Yo Soy

La Revelación

Sueña con lo que eres. Tu cuerpo es de luz. Tu mente está llena de sabiduría. ¿Por qué es tan difícil de aceptarlo para ti? Permite la apertura de tu consciencia.

Recuerda

En tu Mente hay un Resplandor similar a cada Estrella que está en los Cielos. Hay más Estrellas en los Cielos que seres humanos en la Tierra.

*En cada Estrella hay un
Ser Celestial guiándote y
sosteniendo Amor para ti.
Tú nunca has sido olvidado.*

 *En todo momento
estas siendo cuidado,
siempre eres amado.*

La familia de la luz se extiende a través de la galaxia. Ellos son tus hermanos y hermanas en cada estrella, en cada luz, y ellos están aquí para acompañarte por siempre.

Te has olvidado de muchas cosas mientras juegas el sueño de encarnar. Eres admirado por la labor que estás realizando.

Por favor, no dejes pasar el tiempo en este momento. Estoy aquí para llevarte a otro mundo, a una dimensión más elevada de la que te has alejado. Está vacía sin ti y tú no estarás en paz hasta que vuelvas a tu centro y regreses a casa.

Cuando miro en tu corazón veo el resplandor de la luz. En la vida, eres muy grande y tienes mucho. No tengo que convencerte de esto porque eso tú ya lo sabes.

La tierra te ama. Ella te da la vida. Ella es tu casa y vives con ella. Aleja de la oscuridad a tus hermanos y hermanas. La oscuridad ha sido creada por tu sombra. La tierra ya no puede contener el dolor que tú mantienes.

Ella **S**abe que tú no estás viviendo en tu **L**uz. Ella te está dando la oportunidad de encontrar el camino de regreso. El tiempo ha llegado para que regreses a casa.

Acepta el Regalo

El Regalo te conducirá de regreso.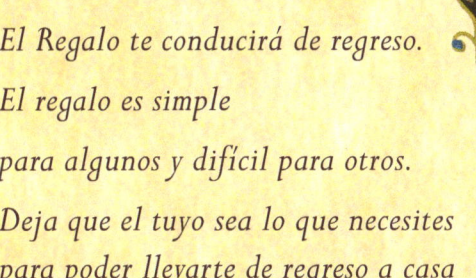

*El regalo es simple

para algunos y difícil para otros.

Deja que el tuyo sea lo que necesites

para poder llevarte de regreso a casa*

Acéptalo y entérate que estaré ahí para ti, para llevarte a casa, para conducirte a la luz. Hay una realidad aún mejor de la que tú ves. Sea cual sea el método, entérate que ha sido planeado.

*La Tierra
es un hermoso Ser
que Brilla con
Sabiduría y Misericordia

Ella ha sido la portadora
de tu morada. Ella aporto
el tiempo, pero el tiempo
ha finalizado, por eso debes
regresar a casa y ser parte de
la Familia de la Luz*

*Acepta el regalo
y aférrate a el,
es Precioso.*

Arcturus

Amado ~   ~Yo Soy

El Hogar

La Creación no es lo que has creado. La Creación es, y siempre ha sido. La Creación es para que la disfrutes y para que seas parte de ella.

Estas buscando y eso indica que estás perdido. El echo de gestionar preguntas te faculta el conocimiento para obtener respuestas. Cuestionar la vida es la clave. En todo esto continúas fallando al no realizar que la muerte y el dolor son irreales. La vida es todo lo que existe.

Simetría

La conciencia de tu inmortalidad está codificada en cada célula de tu cuerpo. La función de tu mente consiste en aportar temporalidad a tu vida.

La mente superior piensa dentro de una matriz atemporal. No puede ser explicada por las formulaciones de la mente inferior. El cuerpo en concreto y de forma racional con el razonamiento no es más que una colección de datos en una escala limitada de la percepción. Sólo tiene validez a pequeña escala y es inútil para tu búsqueda.

La estructura de tu mundo está siendo cambiada por una frecuencia vibratoria más elevada. Este cambio se incrementa y está ocurriendo aceleradamente. Los átomos vibran entre las células de tu cuerpo. Las partículas se reúnen alrededor de su núcleo. Todas tienen conciencia.

Existe la dualidad entre la luz y la oscuridad. La dualidad en la naturaleza está fusionada con el amor

Todo en este mundo es dual. Esto no significa peligro. Peligrosa es la ignorancia al igual que el temor. El temor es creado para mantenerte alejado del amor.

El amor disuelve el miedo. La luz disipa la oscuridad. Tu mente ha sido limitada a una esfera dentro de la tercera dimensión. Tu conciencia se está abriendo a otras posibilidades. La vida es mucho más que una corta vida en un planeta lleno de tragedia y muerte. Ésta no es tu existencia.

La verdad te libera

El Universo está lleno de Vida Conciente. La vida no se limita a la Tierra. Sé un espejo para aquellos que necesitan de tu claridad para ver la luz. La vida tiene un panorama más amplio. No se trata solamente de dinero o de poder.

La vida se trata de la verdad y del amor, todo esto ocurre dentro de tu Corazón

Tu existencia es multidimensional. Esto es lógico. Tú eres conciencia. La naturaleza de la conciencia se basa en la vida llena de sabiduría del Creador. La ley universal requiere que todas las cosas sean representaciones de los padres.

El árbol de manzanas no produce conos de pino, ni viceversa. La semilla de la manzana no limita al árbol de manzanas a ser menos o diferente de lo que en sí es. Esta es la naturaleza de la ley de la creación. .

Amado ~  ~Yo Soy

La Reflexión

írate. Observa el yo etéreo dentro de ti. Verás la vibración del impulso espiritual. Para comprender el otro lado.

Observa como el lado material de tu ser se bloquea y se resiste al poder de las emanaciones espirituales. Aprenderás a comprender que los pensamientos que estás sintiendo en este momento no tienen ningún valor para ti.

Los pensamientos a los que me refiero son tus propias negaciones e insatisfacciones sin expresar el rechazo de mis palabras cuando afirmo que eres el hijo del Creador Infinito, la hija del Creador Infinito y que eres Divino.

El rechazo a la voz interior es algo que le ocurre a todos, esta reacción es provocada debido a la interpretación desarrollada y la relación en sus vidas con la televisión, las películas, los libros, el colegio, los vecinos, los pueblos y las ciudades de tu mundo.

Cada vez que ves el rechazo de la voz de la Energía Crística es una repetición de tu propio pensamiento. Esto muestra cuanto poder tienes en tu propio mundo. Tu mundo está formado de pensamientos y refleja tu compatibilidad con ellos.

*Yo soy tu
Yo Superior*

*Vigilándote como una
Estrella en el Cielo*

*Desconoces lo que haces
en la presente encarnación*

*La Resurrección le da
Vida a esta forma*

*Está al servicio
de la Energía Crística*

*El perdón existe en la
Compasión y en el Entendimiento*

Llamada

Te hablo a través de la ilusión

El velo es delgado. Una parte de ti me conoce sin lugar a dudas, pero a continuación, en el otro lado del velo, no me ves en lo absoluto. Yo estoy siempre contigo, hay grandeza en ti. Siempre estoy a tu lado para perdonarte cuando no ves y por no tener conocimiento.

No hay nada que puedas hacer que no se pueda perdonar. Debes saber que siempre te estoy perdonando por lo que desconoces. Sostente de mi y escucha. Yo perdono lo que tú no puedes perdonar. Nada existe si tú no aceptas perdonar. Tú guías tu propio destino.

Con todo mi esfuerzo, mi amor y con toda la gracia de todos mis poderes, no podré liberarte a la vida a menos que tu lo pidas.

*Yo soy el Poder para concederte
todos tus deseos y para Guiarte
a la Luz, si lo pides.*

Escucho tu llamado a través del universo. A través del tiempo, estoy aquí en el instante que lo pidas y en el momento que lo desees. Te concedo lo que desees.

*En ese Momento,
la Paz será Tuya
Todo lo que tienes que hacer es pedir
Pedir es la última palabra del Omega
En el mundo del Omega,
el Final es la Paz*

**Cuando me encuentres
conocerás la paz**

Amado ~   ~Yo Soy

La Pregunta

stoy en ti y contigo en todo momento. Esto es la unidad. Siempre hablo dentro de ti tan fácilmente como escuchas o lees estas palabras.

Tengo la recomendación de ser tu guía

¿Quién podrá decir que mi nombre no es más que Yo Soy lo que Soy? Estas palabras son para que tú las escuches. Ellas son la verdad y responden a tus necesidades. Puedo decirte que has terminado y has logrado tu destino. Sin embargo el mundo te dirá, "permanece y afronta esa dificultad y supera esto, o supera aquello porque no has terminado".

Te reitero que has terminado con este mundo. En este mundo nunca estarás solo porque estoy a tu lado y te llevaré hacia la Luz.

En tu Mente reside una Gran Luz, siempre ha Estado ahí
Se te ha Otorgado para que tengas Acceso a tu Yo Superior
Esta es la Verdad del Amor

Crees que el Creador Infinito te ama menos que a los demás, o que el sufrimiento es una virtud. No pidas sufrir, tampoco creas que lo que deseas es causar dolor a los demás. El dolor es siempre auto infligido, pero se convierte en el dolor del mundo. Esta es la naturaleza de tu dolor. Tu deseo por superar el dolor no significa que quieras vivir con él, más bien luchas en lugar de ser creativo para encontrar soluciones.

La creación es tu don, tú eres quien se consagra al Creador Universal

Cuando eres parte de la luz, obtienes lo que la familia tiene. Así alcanzarás el Poder Ilimitado para hacer las cosas que son de los Principios del Creador Infinito.

No hay nada que hacer más que **Pedir,** *Pide y pide cuantas veces sea necesario hasta que estés convencido de obtener y recibir lo que estas pidiendo*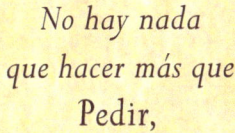
En los últimos días el tiempo cesará

La Maravillosa Luz será mostrada por el que abre la puerta. La puerta se abrirá para el más humilde y para el que Pida estar ante la presencia de la Eternidad Suprema.

Por favor, Pide

No pueden haber estipulaciones puestas en la última petición del omega. Es el último juego y el acto final.

Debes estar listo para pedir que te liberen del deseo de vivir en la oscuridad. No hay tristeza. Podrías pensar que serás castigado por vivir lejos de la verdad, que eres culpable y deberías avergonzarte. Pero no, tú eres perdonado.

Siempre eres perdonado. Escucha de nuevo. Tú estás perdonado. No hay nada en ti de lo que te tengas que avergonzar. Tu hermosura es plena, y si tú pudieras ver tu luz como yo la veo, estarías lleno de verdad.

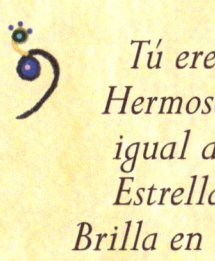 
Tú eres esa Hermosa Luz igual a una Estrella que Brilla en el Cielo

Amado ~ La Apertura ~Yo Soy

Pide ser aceptado, no para controlar el mundo del Creador Infinito, tampoco para ser un sirviente.

No pidas estar en la luz y querer ser poderoso como ejemplo de esta grandeza, más bien pide estar presente por el amor del Creador Infinito

 Para Descansar y encontrar la Paz

Estar con la familia, saber que eres amado y sentirse valorado está dentro de ti, es parte de tu derecho al nacer. Has nacido y has sido requerido por el AMADO YO SOY. En cada instante, tú eres amado por el Creador Infinito.

Por favor pide este deseo. Mi mayor deseo es que se haga realidad tu deseo. Obtener tu deseo, te traerá alegría. Tu sonrisa traerá el regalo mas grande, saber que El Creador Infinito te Ama.

Tu dolor no me satisface, tampoco lo hace tu pobreza, ni tus necesidades o tu ignorancia. Esto no trae alegría. Te conozco como tú no te conoces a ti mismo. Tu ves el dolor. Yo no.

La gloria por la que debes pedir habita dentro de ti. Si yo pudiera pedir en tu nombre, lo haría, pero entonces tu vida se habría terminado. Tienes que Pedir en convertirte para lo que fuiste hecho.

*Yo pido convertirme para lo que
  fui creado por el Creador Infinito*

*Lo Pido Ahora y
  lo Pido Nuevamente*

Yo sé que recibiré lo que el Creador Infinito quiere que reciba. Porque Él formo mi corazón y mi mente para hacer, y para crear.

**Pido poder servir al
Creador Infinito
Pido ser jovial en la manera
en que la Eterna Unidad me hizo**

Le pido a cada uno de los Ángeles más cercanos y al Amor Eterno que me otorguen los poderes para hacer lo que el Creador Infinito desee que haga.

Deseo ser la persona que el Creador Infinito desea que sea. Seguiré y pediré lo mejor en todo momento y escucharé a mi corazón mientras él me enseña la razón de mi existencia.

Sé que no me hice a mi mismo, también sé que soy hijo Divino del AMADO YO SOY. La Fuente Creadora tiene un propósito para mi, desea que comprenda mi corazón y que lo exprese en mi vida. El amor está adentro de mi al igual que la alegría eterna.

*Pido recibir, de parte del Divino
  Yo Soy, la vida y la abundancia
    para la que fui hecho*

Te escucho rechazar una parte de ella cuando te preguntas, "¿por qué el Creador Infinito diseñó tal vida para mi?" Es porque La Unidad es buena y la presencia del YO SOY desea el bien para mi. No creas que El Creador Infinito no desea tu bienestar. Eso es lo único que el Creador Infinito desea para ti. Desea ser el brillo de la luz en tu trayectoria.

Comprende...

Tu viajas por un camino iluminado para que puedas encontrar exactamente lo que te servirá a ti y a los que están contigo. No hay dolor o tiempos difíciles en esto. No es difícil de comprender, y el camino no es demasiado complicado.

*Tú estas siendo guiado a un
ritmo en el que puedes liberarte
  Suelta el peso
  y levántate más alto*

No hay necesidad de tenerle miedo a este viaje, en el fondo hay algo que tú sabes muy bien, y consiste en que tú sabes lo que realmente eres.

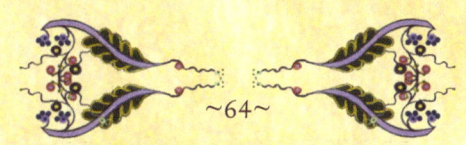

Uriel

Amado ~ Yo Soy

Aceptar

El primer paso consiste en preguntar por qué el Creador Infinito te ha hecho. El siguiente paso es aceptar para lo que el Creador Infinito te hizo. Al aceptar este camino, entonces estarás listo para recibir la herencia.

*Podrás tener todo
lo que el Creador Infinito es en tu vida
cuando aceptes para lo que fuiste hecho*

No preguntes por qué. La aceptación no consiste en preguntar por qué. Se trata de aceptar lo que posees y que Tú eres valioso. El poder y tu relación con él, es verdadero.

*En el Río de la Vida,
La Corriente es el Amor
En este Río te han lavado y
haz sido Limpiado con el Perdón*

No hay vergüenza, no hay falta, ni pecado, tampoco sentencia. Tú estás en libertad para ser parte del nuevo mundo. Di conmigo: "Yo acepto ser lo que el Creador Inifinito me ha hecho". ahora di: "Voy a hacer y a servir para lo que el Creador Infinito me hizo."

Yo no sólo pido, sino que voy a hacer, y

*Estoy haciendo lo que el Creador
Infinito quiere que haga*

Yo desconocía en donde estaba

Estaba perdido, y ahora

Me he ubicado

Vida

*Yo soy lo que el
Creador de lo Infinito me creó para
ser, soy digno del amor.*

*He pedido y sé que el Creador de lo
Infinito me hizo para Amar*

El Creador de lo Infinito me hizo y me ama, y ahora, con amor en mi corazón, estoy haciendo para lo que fui hecho. Estoy haciendo lo que el Creador de lo Infinito quería que hiciera. Estoy para crear, para crear lo que realmente quiero, alegría y felicidad.

Mi felicidad es contínua y eterna. Vivo en la luz del unísono, y ahora estoy en la visión de mi ser, en la unidad, en la plenitud y en la paz. No hay nada más que tenga que hacer.

*Estoy abierto
para El Amor que
el Creador Infinito
tiene para mí*

Yo sé que estoy siendo cuidado. Si me siento sólo y atrapado, sin la esperanza del amor, entonces estaré perdido, y estando perdido, debo ser encontrado en algún momento.

*Busca y Llama Pide ayuda,
El tiempo ha llegado para Ver
La Luz de la Sabiduría y para
decir por favor encuéntrame
muéstrame el camino para salir de
la oscuridad y alcanzar la Luz.*

Jofiel

Amado ~   ~Yo Soy

El Sentimiento

déntrate en el silencio y encuentra tu alma esperando para guiarte por las sendas del Espíritu. Esto es poder. El poder llega y te une al Espíritu.

El Espíritu es el sentimiento
del Alma que te proporciona
Felicidad y te libera de las formas

El rayo creativo de la vida se divide asimismo en innumerables formas, para crear la manifestación de la diversidad. La vida propicia infinidad de variaciones.

La vida es completa y eterna. Sus colores cambian en una deslumbrante serie de inteligentes fórmulas matemáticas, artísticas y bellas.

Necesitas sentirlo para comprenderlo

Sentir es la continua reorientación de las direcciones, intensiones, cantidades y calidad de los rayos. Ellos se mezclan y transforman unos a otros en forma de interacción planeada y normada.

Personalidad

Libérate de la personalidad y camina en un haz de luz. Mira hacia la luz, atraviésala y síguela en su movimiento ascendente. Vé al encuentro de tu Alma y alíneala con su propósito.

El Alma llega silenciosa y con fuerza para sustituir a la personalidad. No es que la personalidad permita esto de buena gana, sin embargo, la personalidad nunca tendrá paz hasta que el alma, por iniciativa propia, tenga a bien asumir la vida creada para su beneficio

La personalidad siente el llamado del Alma. Conoce el poder de su superioridad. Cuando suelta las riendas del tiempo, El Alma recupera las emociones y los sentimientos.

El Alma es el poder del espíritu y el corazón del Amor Eterno. Si estoy perdido, pediré ayuda.

El Amado Yo Soy me indicará en dónde estoy y cómo encontrar el camino de vuelta a casa. En mi corazón escucho la llamada que me indica que ésta es mi casa, señala que estoy en el lugar indicado y que estoy trabajando con la Inteligencia Suprema.

Yo soy Creador con
la Divinidad
de acuerdo a sus principios.
Esto me sirve de Inspiración

La Presencia Suprema del Divino YO SOY no necesita de sirvientes. Necesita a su familia de lleno, una familia en la que todos son amados por igual. Siente el poder de la Unidad Eterna en cada momento. Conoce el gran plan.

Yo estoy aquí para Fijar
el Rumbo de la Vida, un
rumbo en el que se supera
al ser mundano, siguiendo el espíritu
y el alma, siguiendo la Energía
Crística que llevas En Ti

El ser mundano ve limitaciones, peligros, miedos y preocupaciones, pero el alma le elevará y le guiará hacia la luz de la conciencia.

Permite que tu yo inferior
conozca la Voluntad del Alma
La Voluntad del Alma
te Conduce a la Paz

Amado ~  ~ Yo Soy

La Transición

l Alma es mucho más que la personalidad. La personalidad experimenta su existencia de forma sensorial. Es la conciencia mental inferior.

El organismo superior del Alma ha de permitir una transición para que haya coordinación. Este es un cambio necesario.

El Alma está tomando el Control y le está brindando paz a la personalidad pues ésta, ya ha cumplido con su trabajo

La personalidad ha experimentado un aprendizaje individual en el mundo material, en el factor tiempo-espacio y se ve a si misma en vidas específicas y particulares.

El mecanismo del tiempo le hace parecer que vive como un Ser separado, pero la mente superior no se deja engañar y no se ve afectada por ninguna de las alteraciones en el marco temporal. El tiempo significa nada, puesto que existe fuera de la experiencia de la personalidad.

El Alma está conciente de los Ciclos Evolutivos y ha planeado esto para su propia experiencia El Alma tiene un Plan dirigido por la voluntad Espiritual

El alma busca crecer, evolucionar, experimentar y crear con mayor variedad, poder e inteligencia. El plan de la transición tiene un sendero mental, espiritual, emocional y físico.

Intención
La interrelación de todas las características de la vida la hacen completa. En la vida hay polarización. La inhalación de la involución es el aprendizaje. La exhalación se convierte en la exteriorización del saber.

La fuerza Creativa Busca la Expresión y la Experiencia

La fuerza creativa fluye entre la marea de lo no-manifestado a lo visible y constantemente crea diferentes e interesantes formas de vida. La intención de la vida es permanecer variando y creciendo, también centralizado y aprendiendo.

La base del Universo está constituida por la sabiduría del Amor

El Deseo de Buena Voluntad se nutre con la Sabiduría del Amor la cual se manifiesta con mayor bienestar y mayor conocimiento. El lenguaje se queda corto cuando los oídos sensores de la Humanidad escuchan que se nombran las palabras.

El Plan primario y el Camino de la Vida es la Creación

La creación se convierte en aquello que la creó, y esta fuerza creativa se desplaza por el universo en todos los niveles de conciencia, ya que esta es la base de la vida.

~70~

Amado ~      ~Yo Soy

EXPERIENCIA

El universo es conciencia. No existe nada que no contenga conciencia. La conciencia es el principio básico e indivisible de la existencia. El Amor y la Sabiduría son partes análogas de la creación del AMADO YO SOY.

*Con inteligencia,
todas las cosas llegan a ser*

La vida del Amor Divino es la vida de la humanidad. Esta es la naturaleza de la existencia del Eterno, ser lo que la humanidad piensa que no es. Esta paradoja es continuamente repetida. La humanidad se siente indigna, porque la humanidad desconoce lo que es.

*El Infinito es la representación de la
mente del Creador Universal.*

Tu cuerpo es el universo, y la fuerza vinculante que mantiene todo unido en el amor.

Es así de simple. Existes por una razón, para vivir y respirar. Pero tienes un propósito más grande, tu misión. Este digno propósito consiste en proyectar la Eternidad del Unísono en la forma que solo ella puede hacerlo. Manifestarla como tú eres.

¿Por qué confundes la realidad de esta transformación? Si ves la ilusión del dolor y el sacrificio como la negación del alma, te darás cuenta de que no puede ser real y eterna.

La mente superior es accesible y siempre está lista para dar y recibir. No es dirigida por la mente consciente o inconsciente, simplemente es. No aceptes las ilusiones que se derivan de pensamientos destilados, extraños y divergentes. No olvides quien eres.

Tú eres Divino

Ser Divino significa que eres infalible, más allá de toda comprensión. Tú eres la unidad sin dividir. La Divinidad es manifestada en forma individual.

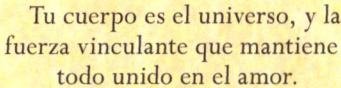

DIVINO AMADO YO SOY

Tú eres la esencia de la Grandiosa divinidad y esta esencia es infinita. La vida es expansión. Inhala paz, exhala luz. Encuentra en el interior de tu mente, el regreso al centro que es tu inhalación. Exhala diversidad infinita y amor ilimitado.

La mente contenida en el receptáculo de los cuerpos, está tan lejos de la verdad, que no guarda ningún recuerdo de su origen. Esta es la naturaleza de tu dilema. No puedes concebir el universo sin tratar de resolver su dimensión infinita.

No te puedes enfrentar al pensamiento del tiempo, sin afrontar el concepto de la eternidad. Tu actual conciencia es infinitesimal en relación a la eternidad. No puedes vislumbrar las emociones sin saber que no tienen fin, que son profundas, más allá del receptáculo del corazón humano.

*En el momento
del silencio
piensa en un final*

La mente inferior se pierde sobrecogida e incrédula.

El ego de cada persona es fuerte y mantiene viva la ilusión, con la única razón de crear la ilusión del dolor y el sufrimiento, conservando sus falsos tesoros.

Es imposible pensar en un final. Con la muerte no verás un final, mas bien encontrarás la renovación de la vida.

*El Momento de la Muerte es un Alivio

Cada Momento de la vida es Jubiloso*

Miguel

Amado ~   ~ Yo Soy

LaComunion

Por qué el mundo? ¿Por qué la pobreza del espíritu no es cuestionada? ¿Por qué solo unos pocos afortunados ven a la distancia y escuchan las palabras internas? ¿Por qué ellos solos tienen que enfrentar las preguntas que dejan a otros temblando en la noche?

Los niños del mundo miran al cielo nocturno, escuchan el trueno y ven el relámpago.

¿A caso el poder del Creador Infinito está tan lejano para ellos como el retumbar del trueno en la distancia? ¿O mora en el interior de sus corazones, esperando expandirse? La muerte, en su verdadera forma, es la liberación del espíritu y de la vida. El ego es el encadenamiento del espíritu al cuerpo. El ego escoge juzgar. Cuando se escoge el cuerpo por encima del espíritu, la vida se torna fría, dejando a tu alma sin propósito en el mundo.

Suelta, deja ir las cosas que te atan a la tierra. Descubre que puedes liberarte de tu ego. El ego se aferra fuertemente de aquellos que desean lo que no pueden tener, separación en un cuerpo.

Desde el inicio de todas las cosas

 ...el ego desea la separación,
el Espíritu siempre desea la Unión

El ego deséa la separación para poder culpar, causar desacuerdos, sentirse superior, crear resentimientos, estar enojado y atenta controlar el tiempo. Lo que el ego no puede tener es la inmortalidad. El ego es la mente inferior que juzga, escoge, y se identifica con el cuerpo. Existe únicamente en esta esfera o celda temporal. Esto es lo único que la humanidad sabe por ahora.

Si el ego quisiera obtener un conocimiento más profundo, debe abandonar su atadura a la mente y cuerpo, debe haber infusión con el Espíritu. Al ego también se le llama personalidad.

Es como un niño que crece, practicando juegos de niños y aprendiendo mediante la experiencia. ¿Por qué ocurrió que el ego se tornó consciente y el espíritu permanece adormecido? Cómo puede el infinito caber en una botella?

La transmutación de la mente a formas mas bajas necesita de la introducción de un vehículo para que la mente pueda comprender los niveles más bajos de la existencia, se necesita de un vehículo que le ayude a transmutar las formas.

 *Mira Más allá*

La Fuente de Toda la Creación es Completa

En la Expansión está el crecimiento.

Con el Crecimiento obtienes el Aprendizaje

En el Aprendizaje habita la Sabiduría,

En la Sabiduría Reside el Amor

El amor arrastra con todo. En todo este amor habita el deseo de la inteligencia. El deseo de la inteligencia conduce a toda la humanidad a una esfera superior y escala de vida más elevada.

El pasado y el futuro son conceptos mentales. El ahora es la única realidad. Hay una infinidad de momentos de ahora extendiéndose para avanzar más allá, para retroceder más allá y dentro de la mente de cada persona.

 *En el ahora radica el Reino de la presencia del AMADO YO SOY*

Tu momento es ahora,

y se extiende en la Memoria

Yo sostengo este pensamiento que tienes dentro de ti para atraer tu atención. Piensa por un momento dentro de ti acerca de quién eres y de cómo te sientes.

Desea sentir Emociónes Espirituales ahora

Amado ~   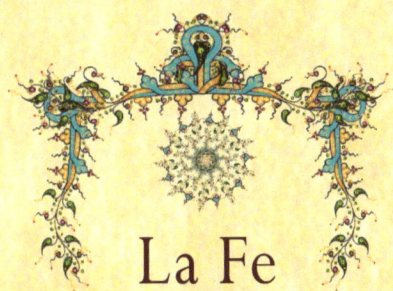   ~Yo Soy

La Fe

La Fe consiste en percibir como lo hace el Creador Eterno. Fe para conocer la perfección de todas las cosas. Fe para entender la temporalidad de la realidad.

Tener acceso al cómo y al porqué funcionan las cosas es el poder de la voluntad alineada con el conocimiento perfecto. Sólo la vida atrapada en la ilusión, sufre el dolor de la falsa norma de un ego que hace de la desdicha una virtud y de la soledad un estandarte.

Mira la belleza y la extensión de la vida abriéndose ante tí por siempre jamás. Crea un monumento sagrado del ahora y desborda la vida en él.

Te enfrentas al dilema de cómo sobrevivir en un mundo que es falso en esencia. Su falsedad hace que sientas tu propio ser como falso. Este intercambio negativo con el mundo no contiene la esperanza de ninguna virtud que no sea la liberación.

La pregunta permanece, si estas aquí; ¿por qué estás aquí?

Ha de haber alguna razón sincera y profunda por la cual estás en este mundo. De lo contrario, se trata de una farsa, y entonces la dolorosa verdad sería que estás en un infierno. La locura es una pregunta real que hay que abordar, porque son las ideologías dementes las que controlan a la humanidad.

Las filosofías religiosas han malinterpretado el poder de la humanidad y dicen que ésta ha elegido un camino inferior y malvado en relación a la Fuente de Toda la Creación.

Que la humanidad está perdida, ha elegido la blasfemia y el pecado en rebelión contra el AMADO YO SOY. Esto no es verdad. El emblema del universo no es defectuoso. La humanidad no está viviendo en una creación defectuosa. Una creación humana defectuosa sería en si misma una contradicción imposible.

Paradoja

La Humanidad tiene libertad y

Paradoja

No es que te hayas desviado

del camino, más bien has permanecido en él

Está bien que te hayas aventurado a crear

Las preguntas que surgen en tu mente son sobre el sufrimiento en el espacio-tiempo y deseas saber si es esto nocivo?. Cuando aparece el sufrimiento se le ve como doloroso y horripilante. Este es el caso de la mente sensible que sólo ve a corta distancia y no percibe la divinidad interior en todo.

El papel que desempeña el factor tiempo es muy serio en relación a los niveles de la mente y del ego. El ego es el único observador que ve injusticia, víctimas, criminales y un mundo en el que todo es egoísmo, injusticia y competitividad. El ego concluye que el mundo está lleno de dolor y de sufrimiento y que carece de un propósito supremo.

Las palabras y los pensamientos contenidos en el cerebro finito no son otra cosa que una sarta de conocimiento compartido, hebras de papel y tinta, palabras escritas en pizarra interna del cerebro lógico.

La mente tiene acceso al conocimiento infinito del Espíritu. Esto ocurre, al compartir, al recibir y al aportar información

La Mente que comparte sus Pensamientos

Con Otros Seres, proporciona

un Vínculo de Conexión

que Preparará el Camino de Regreso

a la corriente del

Amado Yo Soy

Serapis Bay

Amado ~  ~Yo Soy

La Conexión

n el plan del AMADO YO SOY no hay cabida para la separación. Simplemente no existe. El dolor no existe, tampoco la maldad ni la ignorancia. Lo que bloquea la luz son sombras y éstas son ilusiones que surgen dentro de la mente desconectada.

El alma tiene vida propia en forma de espíritu, el cuerpo nunca ha tenido vida propia. El ego en el cuerpo carnal le dice al Alma que el Espíritu es parte de su cuerpo, y que fue creado debido al cuerpo físico y que sin este cuerpo físico toda la vida se pierde.

Esta es la ruta del ego. El ego está aterrado ante la pérdida del cuerpo físico pues sabe que cuando esto suceda, será el último decreto del Creador Infinito.

Al permanecer en la ignorancia el ego mantienen viva la mente egoísta y se aferra a pensamientos de separación de cuerpos, después busca una imposible solución para esta inhabilidad.

Yo Soy la Verdad, y habito en el medio de la selva de los pensamientos. Existen aquellos que intentan verme fallar, pero esa es su forma de fallar, no la mía.

Estoy aquí para presenciar el éxito del plan. Los que construyen las redes y planean sueños no se percatan de la verdad. Permaneceré aquí, deseo que sepas que estoy aquí para revelarte la verdad.

Procura encontrar la verdad dentro de tus habilidades

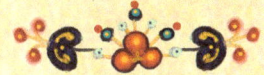

El Sendero
Camina por el sendero

*Esta es mi lección para la humanidad.
He caminado, ahora lo haces tú*

La caminata está llena de placeres y alegrías en cada momento.

Aléjate del egoísmo y no le temas a aquellos que no desean que veas la verdad.

Te estoy señalando el camino a tu futuro. Yo busco para que tu puedas encontrar. El camino es liviano cuando me permites que te guíe. Yo guío desde la casa de tu corazón al hogar de la Energía Crística En Ti. Este es el mensaje para hoy:

Mira todas las cosas como si fueran la Energía Crística En Ti

Estás siendo guiado al lugar adecuado con las personas indicadas en el momento preciso. Estoy aquí para guiarte. Encuentra esto dentro de ti. Te mostraré por donde caminar a salvo asegurándote que es el camino seguro.

Soy el guía que sabe cual es tu camino antes que lo inicies, y Yo soy quien te espera al final del recorrido. Estoy nuevamente en la pradera y en la montaña, estoy aquí dentro de ti. Este es el mensaje de la Energía Crística En Ti. En todo, Yo Soy. En este tiempo de cambios. Estoy más cerca que nunca.

Estoy en todas las cosas, pero especialmente estoy en tu corazón. Yo te conozco mejor de lo que tú te conoces a ti mismo. Mi viaje consiste en Mostrarte a ti mismo y decirte, "Mira que glorioso eres".

Disfruta quien eres con un nuevo y especial sentido de propósito, tú eres el hijo/hija de La Divinidad. Di "Yo soy la Fuente de Toda la Creación", y reitéralo. Repítelo nuevamente y convencete de lo que tú eres. Tú eres el Amado Yo Soy, y esta es la naturaleza de tu existencia.

Yo estoy contigo y Yo Soy
La Fuente de Toda la Creación

Amado ~   ~Yo Soy

El Canal

é un canal para la Energía Crística. En este momento permite que tu mente sienta la influencia de la energía que te eriza el cabello y la cabeza, que hace que la punta de tus dedos cosquillee. Puedo ver destellos de luz brillar en tus ojos. La vida que compartes es apreciada por todos.

 *Es mi Meta y Acuerdo Compartir contigo la Visión de tu futuro*

Escapas del dolor haciéndote preguntas. Las preguntas son las alas del conocimiento que elevan tu conciencia. Conviértete en un canal para el mundo, para que cada uno pueda sanar completamente y de forma unificada.

No es tarea de algunos indicar quien tiene más valor que otros, ese valor no es importante ni significativo. Es algo similar a que una célula de tu cuerpo le diga a otra célula que es menos importante en relación al funcionamiento de las demás. Si fuera así, entonces el cuerpo estaría separado, enfermo y deforme. En muchos casos esto sucede en el mundo externo, pero no es cierto. Nadie es más ni menos.

La inteligencia Suprema no hace cosas esperando que no funcionen, ó deseando que no tengan valor. La Inteligencia sigue el plan y el principio de crear la perfección. Y así es.

Durante muchos años los mismos problemas han reincidido pero tú sabes que hay una respuesta, pero no puedes encontrarla. No puedes hallarla porque estás buscando en el mundo externo. Tú no comprendes la fe, tampoco tienes confianza. Es necesario que avances al siguiente nivel.

Subir la escalera no es tan difícil como lo imaginas. Lo encuentras complicado porque no haces lo que es necesario. Lo esencial es que te liberes de la tensión, del estrés, y de la expectativa de que el mundo externo traerá algo que valga la pena.

No sostiene nada que puedas contener. En el mundo del tiempo y espacio todas las cosas son transitorias. Todo es una ilusión como ha sido comunicado repetidas veces y miles de millones de mentes lo han compartido mentalmente.

 *Siente esto y enterate de esto*

Por qué no se manifiesta en tu experiencia? Es porque debes realizar con seguridad y con fe todo lo que experimentas. Créelo y vívelo, y con seguridad llegará a tu destino. Descubre la realidad de quien eres.

Estoy aquí para entregarte El regalo más grande de todos, el perdón de tu propio ser.

Has sido perdonado.

Lee esto, siente esto y sabe que esto brota desde la Energía Crística En Ti. Has sido perdonado, y cada persona que te contacte, deberás perdonarla de la misma manera.

Esta es la satisfacción de ser agradecido por sentir los cambios y permitir que continúen ocurriendo. Gracias, y gracias nuevamente. Yo continuaré derramando esta luz por todo tu cuerpo.

Estoy aquí para ti.

Me Dirijo a tu Corazón

para darte Vida y Luz

Amado ~ ~Yo Soy

Recordar

ecuerda, la estructura del cuerpo del Creador Eterno radica en el universo. Es infinito y maravilloso. Este poder desea que vivas para que te sientas sano y lleno de vida.

La similitud entre la vida de tus dedos en relación con el universo conlleva a no haber distinción. Solamente una persona fuera de sus cabales desearía que su cuerpo estuviera enfermo, destrozado, sin coordinación y aceptar sentirse estúpido. Pensando de esta forma, pretendes que tu cuerpo permanezca sano y reaccione con inteligencia? En su lugar, desea que todas las células de tu cuerpo permanezcan sanas y con vida.

Todo es lo mismo y siempre está interrelacionado. Por lo que de no ser por esto tú no existirías, y no sentirías el aliento de la vida fluir por cada célula, átomo y electrón.

El Amor es la fuerza que une
al Universo,
lo Sostiene unificado
El amor es inteligente y unifica

El odio es una fuerza insana mayormente conocida en el entorno de la ilusión, niega la vida y todo lo que existe, separa la igualdad.

Gracia

Los conceptos de la perfección son desconocidos para el ego. No puede ser de otra forma. El ego está condicionado de otra forma para que no pueda comprender ninguna otra realidad más que la de la fatalidad e ignorancia.

Esta es la razón por la cual debe establecerse, en tu mente, el concepto de unidad, gracia y generosidad por tu yo superior.

La Gracia y Generosidad consiste en aceptar que eres más que tu cuerpo físico y que eres parte del Grandioso Diseño Organizado. En la integridad no puede haber nada que separe al Amado Yo Soy.

El Eterno es el cuerpo del Universo, de la vida, y de la inmortalidad. El Cielo es el estado de salud del Amado Yo Soy. La simplicidad nos impide concebir al Creador Infinito. El Creador Eterno es nuestro concepto de conclusión. No hay nada más ni nada menos.

El Amado YO SOY
es todo lo que existe

Este nombre Sagrado Habita

en Constante Meditación,

en la Mente Superior.

El cuerpo de la Divinidad es Mental.

Hay mucho más de lo que puedas imaginar en los conceptos de la mente. La vida espiritual de La Energía Crística En Ti se vuelve a descubrir y recuerda como la unidad supera haber sido separada, y astillada. Descubre que no estás solo más bien unido en el cuerpo de la conciencia de la Energía Crística.

Yo perdono a todos Aquellos que retienen el tesoro del Conocimiento, creyendo que poseen la respuesta para todo. Perdono de igual forma a todos los que están perdidos, a los que no aceptan la respuesta que llevan dentro de si. Tú no eres de esta generación, Tú sabes que llevas la respuesta dentro de ti.

Este es el tiempo, es el ahora, y en este momento separa el ayer del mañana. Conviértete en el hoy, en ningún otro tiempo más que ahora. Te señalo el camino a la paz. Te espera. Encontrarás satisfacción al entender el plan sagrado.

Encontrarás
Paz al Saber
que el Amor está
detrás de la Mente
del Creador Eterno

Amado ~      ~Yo Soy

Aprender

esultan pesadas las situaciones prácticas de tu vida. Ves el día a día de la vida, y lo ves igual que como estaba. No estás solo en este concepto de debilidad solo porque si. Es la forma en la que el mundo proyecta poder y fortaleza.

No puedo cambiar la lección que ambos establecimos que experimentarías. Aprende y crece. No tomaré esta lección por ti y tampoco hay necesidad de que te sientas de menos por esta prueba. La superarás en el momento que estés listo para enfrentar los elementos cruciales que escogiste aprender.

Aprender es Importante

Aprender es algo especial para el Amado Yo SOY. Esta palabra significa para ti que diseñes algo más. Ver en la existencia, y ver más allá de lo que existe.

Aprender demanda de ti que sepas más de lo que eres y que te conozcas. Esto es lo que la Fuente de Toda la Creación desea para ti. La razón de tu existencia es el aprendizaje y para que uses este conocimiento para crear. Tú fuiste creado para convertirte en cocreador conjuntamente con el Amado Yo Soy.

Estás Aprendiendo aún Más de cuán perfecto eres y a como crear desde dentro de La misma Creación

Me he percatado cuán perdido te sientes en un mundo de carencia, de dolor y de problemas. La existencia tiene varios niveles y distintos tipos de fenómenos, pero de lo que te hablo no es ni fenómeno ni ilusión.

Sin lugar a dudas eres parte del cuerpo de la Unidad Conciente. Es por ti que yo rezo para que cruces. Empieza a vivir al ritmo de la corriente de la Fuente de Toda la Creación.

Muchos caminos te conducen a la Puerta y Cruzan el Umbral a la Luz

Tú ya estás aquí, pero el ancla evita que vivas en la Luz. Por favor comprende que yo he estado siempre contigo y que ahora es el momento para que tu temor desista. Permíteme entrar en tu dominio para perdonar eso que no puedes.

No puedes perdonarte a ti mismo por ser lo que eres

Tú no puedes recordar quién eres, razón por la que te es difícil perdonar algunas cosas. No puedes perdonar tu confusión. Esto es lo que te detiene donde estás.

Parecería como si la Luz estuviera apagada y tu no la pudieras encender para poder distinguir quien eres en realidad, y saber que estás a salvo y seguro. Te has impuesto la oscuridad y te quedas dentro de ese ser temeroso de encender la luz.

Todo lo que necesitas hacer es Abrir tus ojos al Sol

Ver tu Propia Realidad es la Prueba en esta Vida

Viene en distintas formas. Para algunos viene en la forma de una relación, para otros por el cuerpo, y aún para otros como los valores del mundo, pero para todos viene para llevarse al ser afuera del cuerpo y conducirlo a la mente del AMADO YO SOY.

El Único Camino al Centro es mediante la Realidad de tu Mente Este Centro no está Perdido más bien está Disponible en cualquier Momento

Zadkiel

Amado ~   ~Yo Soy

Centrarse

Cuando deseas algo que no está al nivel de la inteligencia suprema, descubres que el dolor aumenta. El dolor demuestra que un área de la mente funciona incorrectamente. Lo mismo ocurre en cualquier área de nuestra vida funcionando incorrectamente. El dolor o la pérdida señala un bloqueo u obstáculo. Solamente podrá ser curado con abundante salud, la cual favorece a la vida. El cuerpo necesita desprenderse de las fuerzas que obstruyen la salud y la vida. No necesitas pedirle a la Fuente de Toda la Creación que te de más vida porque ésta se te ha dado plenamente en abundancia.

Mira en la Luz
Proporcionada por el Sol

Tú Crees que tu Mundo es un Lugar Especial, y lo es, pero tú no lo Controlas no es tu Salón de Juegos.

Es Sagrado

Creando

No puedes comprar o fabricar la vida, ésta viene como un regalo. Afrontar el mundo físico te sirve para aprender, y con este aprendizaje no hay lecciones fáciles. Nadie está libre de la ayuda crucial del dolor. La lección esencial para todos es que no hay lugar seguro en este mundo, tampoco hay escapatoria más que por el Portal de la Resurrección Espiritual.

La razón por la cual está lleno de dolor es porque te sientes no merecedor de ser parte del Cuerpo de la Divinidad. Te has estado manifestando en el mundo de los sueños. Crees que con el tiempo serás considerado mejor o puro, y llevado a un lugar diferente.

Continuamente descubres que eres imperfecto y careces de valor debido a pensamientos que invaden tu mente. Hasta que el mundo se conserve en estado sagrado, tu continua creencia en la separación te llevará a los corredores del odio, miedo y limitación.

Todo es Uno

Acaso cada grano de arena en el mar piensa que es el único? Acaso cree que está solo cuando el océano lo lava hacia adelante siendo empapado, limpiado y movido por la fuerza del mismo océano?

Todos los Granos de Arena, al igual que la Humanidad, son Parte de la Continua Vida en la Tierra Moviéndose hacia adelante y hacia atrás con las Mareas del Poder Universal

Cuando sientes la separación, el resentimiento, o la indiferencia, es porque hay carencia de luz en tu mente en lugar de entendimiento. Tú puedes hacer manifiesto el poder de la transformación a modo que los que sueñan que están en la oscuridad puedan perdonarse. Ayúdales a sentir el valor de la vida.

Conserva la idea que el antiguo mundo que ves no es real. Luego Purifica tu Mente para Verlo de Forma Sagrada

No permitas que la mente inferior, creadora de lo negativo, continúe generando pensamientos negativos. La mente superior necesita espacio para liberarse del dolor, de la desconfianza y del miedo para poder encontrar dentro de ti la libertad del perdón.

Los deseos que sientes en este momento te dejan vacío y hambriento de la vida que te dará la paz y la alegría. No sacrifiques lo más grande por lo menos valioso.

Será tuyo Cuando Desees y Estés Dispuesto a Darle al Creador Infinito tu Honesta intención y deseo de vivir

Jesus

Amado ~  ~Yo Soy

La Lección

Que podrías desear que sea más importante que la paz? Es la paz la que se asegurará de que tus necesidades físicas estén siendo satisfechas?

El Creador Infinito no quiere que seas indigno a los ojos de tu familia, tampoco desea verte arrojado a una fosa degradada por la sociedad. El AMADO YO SOY no desea que te encuentres en una situación de carencia. Evita desear esto para ti como un castigo.

Pide lo que quieras del Creador Infinito

¿Por qué no ibas a pedir? La Fuente Creadora seguramente te dará lo que le pidas. Esta es la promesa. Pide Amor. Pide tener Abundancia. Pide que las necesidades del momento sean satisfechas.

Crees que la Fuente de Toda la Creación es Poderosa, Sabia, Inteligente y Amorosa?

El miedo surge en tu corazón cuando piensas en pedir, temes que no se te dará lo que deseas recibir y que no existe la Fuerza de la Divinidad. Si no existiera nadie que te quisiera, entonces estarías solo y la muerte sería absoluta, final. Finalmente temes que no haya nadie que te permita sentirte seguro y protegido.

El miedo consigue que te sientas solo, confundido y que pierdas el deseo de utilizar tu poder y fortaleza. El miedo te deja con resentimiento por las necesidades no satisfechas, pensando que si no tienes lo que quieres, entonces no existe el Amor Eterno.

Es el odio de uno mismo el que no permitirá que esto suceda. Este odio a uno mismo es el responsable de crear las ilusiones en las que todo el mundo se encuentra sumergido y nada tiene sentido, todo lo que representa es una locura y que la muerte llegará antes que la realización.

Si no hay amor para ti mismo entonces no puede haber amor para nadie. El AMADO YO SOY sería sólo un sueño. La existencia del amor para algunos y nada para ti sería injusto y destructivo. El amor se convertiría en odio.

Si sólo existiera el odio, entonces todo sería dolor y nada más. Vives en un mundo de odio, en un mundo atormentado por sí mismo por ser indigno del amor del Creador Infinito.

Miedo de la Eternidad

Está bien llorar y sentirse solo, pero ¿es correcto creer que esto es verdadero? Tu mente es lo suficientemente sabia como para percibir que el amor siempre está presente, y que es algo que no puede ser destruido por la falsedad del mundo.

El Amor no está a la espera de la derrota del autocompadecimiento o del resentimiento. El amor es la aceptación de la vida en plenitud, de la dicha de toda la vida en su expresión y al servicio del mundo.

*El alma de un discípulo encuentra
en el mundo
muchos caminos
y muchas pruebas.
Todas conducen al otro lado.*

*Es tan fácil seguir el camino
ya recorrido por otros,
pero este viaje ha de ser sobre
suelo nuevo y a solas.
La trayectoria del
discípulo es a solas.*

*Cuando te encuentres a solas,
observa tu camino, es en éste
silencio solitario que
serás guiado hacia la*
Energía Crística En Ti

Amado ~  ~Yo Soy

La Compasión

ebes encontrar el camino por ti mismo o el aprendizaje estaría incompleto. Conviértete en co-creador y sigue la senda de la sabiduría para experimentar la pureza del amor.

Encuentra y sigue el camino a la vez que eres ejemplo para otros, pero cada persona debe dar el último paso hasta la finalización.

 Todos Somos Una Sola Alma

Todos Estamos a Solas en este Mundo

Lo Constante es la Mente

La Mente es el lugar en donde se ha construído el colorido puente que conduce al alma para encontrar la paz. El mundo material es ilusivo, engañoso y confuso.

El mundo fue intencionado para ser una Creación Celestial, pero en muchas mentes se ha convertido en un mundo falso, en una oscuridad que no revela el Alma.

Por eso es que te sientes culpable, porque piensas que el mundo es un lugar desagradable, lleno de falsedad, dolor y muerte. ¿Es este mundo una tortura para ti? ¿Dejarás que la creación de lo negativo continúe avanzando sin siquiera pensarlo? ¿Puede eso cambiar? ¿Cómo puede ser cambiado?

Tú existes en este mundo y tienes una casa, un vehículo, dinero, comida, ropa y recreación. ¿Qué valor tienen estas cosas si no llega a ser un elegido, un favorito, disfrutando del lujo y la riqueza de otros? Si nunca llegas a tener éxito en este mundo, ¿Eres menos respetado por la Fuente Creadora de la Vida?

Desde siempre cada persona ha luchado por el ideal de riqueza versus sacrificio. No es el deseo del hombre rico sacrificarse sin conseguir nada a cambio. Su deseo tampoco es tener nada y no obtener bienes.

Todos desean Riqueza

y Abundancia

Si digo que no puedes tener riqueza, la desearías aún más. Si digo que puedes, te sientes culpable por ello. Si digo que es algo sobre lo que no tengo control, entonces sentirás que el poder de lo oscuro es demasiado grande, que la confusión impera, y la Fuente Creadora no es poderosa. Si digo que la riqueza es importante y que debes tenerla, entonces te sentirás retado por la requisición, no te recuperarás hasta que sea demasiado tarde para poder disfrutar los frutos de tu labor.

Pide Que te Sea Dado lo

Mejor y lo más Propicio para el

Recorrido de tu Camino y de tu Destino.

Todo llega a su Tiempo. La Prosperidad

se Manifestará Espontánea

y Facilmente

¿Que ves cuando no hay respeto en tu corazón ni dinero en tus manos? La falta de respeto por el mundo sólo te traerá pobreza.

No pidas a una persona que llegue a ser algo en el mundo, porque el mundo es una ilusión. El tiempo traerá para ti las respuestas de valor.

Sopesa tus decisiones en la luz. Mira hacia atrás, entendiendo que cada día que tuviste pensamientos de limitación, dolor o frustración, hubo dificultad.

 Los días que tus pensamientos

fueron de Alegría, Inteligencia,

y Vida hubo Abundancia

Si hay algo que amas, ve tras ello hasta el fin de la aventura. Nunca dejes de aprender. Este es el único modo en el que te volverás libre y seguro. No podrás conseguirlo limitándote; más bien lo consigues creando.

Dama Nada

Amado ~   ~Yo Soy

El Corazón

a Energía Crística Femenina reside en el corazón. El alma de cada humano utiliza ésta energía para conducirse nuevamente a la corriente interna de donde brota la fuente del Amor.

El Canal de la Energía Crística es Holográfico, Continuo, y Llega de inmediato a Todas las Personas del mundo

*Yo Soy el Amor y el Camino,
Nadie Entrará en este
Lugar sin Ser como YO SOY.*

*El Amor es:
La Esencia de la Energía Crística.
Los pensamientos de la Energía Crística.
Los Ojos de la Energía Crística conocen solamente el Amor*

En esta declaración está la dispensación de la Energía Crística. Yo Soy a quien buscas y a quien siempre has buscado. Yo Soy los ojos del Amor que te invitan a volver dentro de nuestra familia del alma. Te hablo con la libertad de expresarte y hacerte llegar el Amor, este Amor que nunca antes lo has experimentado.

 La Energía Cristica es el Nombre del Amor

Yo Soy la Energía Crística, masculino y femenina. Ella está conmigo y Expresa El Amor. Ella es lo que los hombres del Mundo procuran. Ellos la buscan y no pueden Ver el lado masculino en la Energía Crística del Amor

Visión

En este mundo,
la humanidad ha perdido de Vista

al Creador Infinito

Las personas tienen dificultad de confiar unos de otros, desconfían entre si. Para ellos, El Creador Infinito se encuentra solo, y un Creador en la soledad no puede sentir la culminación del amor.

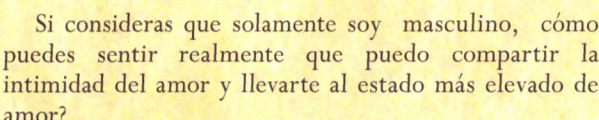

Si consideras que solamente soy masculino, cómo puedes sentir realmente que puedo compartir la intimidad del amor y llevarte al estado más elevado de amor?

Para realmente amar, procuras a la Diosa. Ella hace que tu amor tome forma. Tienes el poder de amar con gran devoción, con inspirada fe y propósito, pero si el Creador Universal es totalmente masculino, entonces existe un bloqueo en la percepción del amor.

El hombre cree rivalizar entre la Energía Crística y su Amada. No confía en la Energía Crística. Cuando ve que su esposa se siente enamorada de la religión, siente el poder de la atracción que el Creador Universal masculino tiene sobre su amada, es entonces que se siente solo en este mundo.

No sólo está abandonado, sino que se encuentra desamparado por la imagen actual de la Energía Crística. La Familia del Creador Infinito carece de una Diosa que lo traiga a casa.

Una mujer puede ver en el interior de su amado los ojos La Energía Crística masculina, pero ella también necesita saber su Divinidad, por esto he venido.

Miriam

Amado ~ ~Yo Soy

La Diosa

En dónde se encuentra la madre del Crísto como Diosa en la Religión? En dónde está el Creador Infinito, el Padre, unido en matrimonio con la Diosa? En donde están retratados como amantes y queridos?

Los hijos deben ver a la familia en armonía. La familia debe estar completa. Si todo fuera masculino, no estaría completa. Los hombres afrontarían vacío espiritual como ejemplo imposible del Cristo y Creador Infinito.

Los hombres cuestionan a la Energía Crística de la siguiente forma, "has venido a nuestro mundo como varón para entregarnos una nueva conciencia, o para llevarte la imagen del poder femenino para ti, y dejar al hombre en el olvido?

La Energía Crística se manifiesta de forma masculina al igual que de forma femenina, Conciencia y Amor. Las mujeres miran en el Creador Infinito la forma sagrada, amada, y así consiguen protección y cuidado para ellas y sus seres amados. La Energía Crística cumple con el papel de salvador y de amor incondicional. Él aporta la sabiduría y la compasión que ellas buscan. Las mujeres pueden sentirse enamoradas con la presencia de esta energía.

El hombre visualiza primordialmente su relación con el lado masculino de la Energía Crística como si fuera un pecado. El amor del hombre por el hombre en lo más profundo de cada alma permanece bloqueado al no saber que la Energía Crística masculina posee en su corazón su propio lado femenino.

La humanidad necesita mi verdad develada en la forma de la Energía Crística femenina, para que ella pueda entrar en la vida tanto de los hombres como de las mujeres y los conduzca a la verdad espiritual.

La Energía Crística masculina sirve a la humanidad con el corazón puro y benévolo, pero no es suficiente tener el amor y sabiduría del lado masculino de la Energía Crística para el desarrollo de la espiritualidad.

El lado femenino de esta Energía sanará y despertará a la humanidad con toda la gloria de la hija del Dios-Diosa.

Desde ella, escucha el sonido de las palabras:

YO SOY
La Energía Crística

Siente la Compasión

y el poderoso amor del

Amado YO SOY. A esta

energía te tienes que Adherir

y seguirla para llegar al Corazón.

La Energía Crística es el Camino

y la Verdad. La Luz del

Amor Guía el Camino

La Diosa Brinda el sentimiento del Amor al mundo. Se ha revelado el lado femenino de la Energía Crística. Esta Energía no camina a solas en la masculinidad para luego regresar al Padre.

Él camina con Ella

Ella es el Amor en su Corazón, Creado a Imagen de la Diosa y la Madre

La humanidad no puede vivir en separación. Creer en la limitación del sexo en lo absoluto significa haber perdido la razón. La Energía Crística es el regalo del Creador Infinito para el Mundo tanto en forma masculina como en forma femenina.

En el Corazón de la Divinidad
recide la Flama Gemela
de la Energía Crística

Habita en el Amor y lo Lleva

Dentro de su Corazón

Amado ~   ~Yo Soy

Acercarse

engo la esperanza que en la forma de la Energía Crística Femenina te pueda guiar en dirección a la mente subconsciente y dentro de la expresión de tu alma. Imítame con palabras y acciones.

*Te guío con ejemplo
y con Devoción*

*Tú eres mi Propósito
Yo Soy tu Salvación*

*Con el poder de
Dios, la Diosa
realizó esta Misión*

Mi madre me anima como Dios, mi padre refuerza mi alma gemela, la energía Crística que actúa en hermandad.

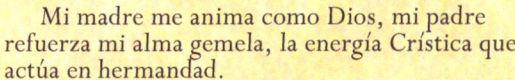
*Él es la Puerta y el Camino
al igual que la
Vida en el Reino,
Yo Soy la Morada, Soy el Jardín,
El Nido de la Creatividad.*

 *Él es la Verdad
Yo Soy la Sabiduría
Juntos somos el Amor*

Juntos expresamos los deseos Infinitos de nuestro Padre y Madre. Somos guías y tú eres como un hijo. Yo te enseñare a manifestar todo lo que necesites en tu corazón.

Misterio

He ingresado a lo más Profundo del Océano del Subconsciente, sin estar Listo para Aparecer en la Vida

Ahora tú estás preparado para comprender la revelación de la Sabiduría de la Voz femenina. Desde el interior te hablo intuitivamente. Yo Ordeno la Transformación que le traerá iluminación a tu cuerpo. Yo soy la Pulsación de la Vida y la Respiración del Universo. Yo soy el Aliento dentro de la Respiración, el Poder del Nacimiento y de la Manifestación.

Yo soy Ilimitado en la Creatividad y en la libertad del Amor. En mi Poder tus sentimientos Nacerán en la Alegría y Éxtasis.

Consumación

La creación de la idea de renacer en la manifestación es el cuestionamiento del lado masculino. Con el lado femenino honras el regalo de la vida, proteges su poder y lo llevas al filo de la vida con su propósito y significado.

Ahora es el tiempo de la consumación del lado masculino Es necesario unirlo con el poder del lado femenino. Lo femenino faculta de poder a lo masculino. Su mundo se encuentra sin forma y su luz está sin dirección hasta que su subconsciente se enfoque con el poder del deseo del lado femenino.

En sueños formaste imágenes negativas. El lado negativo masculino bloqueó el poder concedido en la creación del lado femenino de la Diosa del Amor.

Siente el espacio de tu naturaleza dentro de la matriz. Es el impulso creativo. Ha sido malinterpretado y juzgado.

*Puedes verlo ahora en la verdad
Yo Soy la Vida
Yo Soy el Amor Sagrado*

Djwal Kul

Amado ~ ~Yo Soy

En Ti

 La Energía Crística En Ti habla con fuerza al mundo, utiliza palabras acertadas y claras, le da sentido de dispensación al significado.

Hombre, siente el poder de la fuerza femenina. Mujer, Acepta tu Poder y habla con Amor

La Fuerza, el poder y el deseo están eructando con increíble fuerza y las mujeres pueden sentir el poder. Ellas conocen el compromiso con la Energía Crística.

El hombre nunca ha conocido la aceptación y ha temido a Dios el Padre y a Cristo el hermano. Como puede la encarnación de un alma masculina sentirse a salvo dentro del ser de su hermano? fue el hermano Cain quien traicionó a Abel, y fueron los discípulos de Cristo quienes lo traicionaron.

Hombres del mundo, confíen en si mismos. No crean que viven en mundos de odio, sacrificio y temor por sobrevivir. Cesen la guerra entre ustedes.

Siempre Da

El lado Femenino de la Energía Crística En Ti le habla a todos los hombres. Regresen al Reino de la Creación y sientan la seguridad de la protección del poder del reino. El jardín proveerá. Todas las necesidades de la familia son previstas. No tienes que protegerte y pelear.

Recibe los regalos por tu trabajo
En tu Mente habita el Creador Infinito
que ha permanecido sin la pieza más
importante para Crear la Vida,
lo que le llena de energía, su Diosa, la
polaridad de su Ser.
Yo despierto y tú me encuentras,
no al diablo, sino al Ángel, la Enegía
Crística que podrás Amar y Cuidar
así como yo Cuido de ti

Regresa

*Yo nunca me he alejado
del Reino*

*El Jardín es Mío y desde
él proviene la Abundancia*

*YO SOY el Amor de mi Madre y ella
Provee su vida para todos*

Yo Brindo la Luz del Amor a la Tierra

Yo soy la Luz del Amor

Me Conoces

Con la Sabiduría y el Amor de la Energía Crística

El Plan es Conocido y la Paz es para Todos.

Regresa entero y Completo para Vivir y para ser la imagen de el Dios y la Diosa.

Estoy aquí para compartir los misterios del lado femenino. El Poder Dual y el Deseo de Sabiduría Reina en la tierra.

La Luz de Mi Amor se combina con la Verdad del Amor Otorgado por el lado masculino de la Energía Crística de mi Ser.

No es Blasfemia el Reconocer la Presencia de la Divinidad en ti. Está dentro de cada uno de ustedes. Tú eres el lado femenino y el lado masculino de la Energía Crística. El mismo amor, la misma mente, la misma alma está dentro de ti. En la mente siempre habitan dos. Estamos casados en la Unidad del Espíritu y el Alma de la Energía Crística.

Para el amor no hay división

Amado ~   ~Yo Soy

Amado

En la creación, Yo Soy, de igual forma Yo Soy Poderoso y Fuerte. Toma el control de tu mente y siente el amor y el poder que te doy para ser creativo. Yo sostengo la matriz donde tú entras y estás en el jardín de casa. Yo soy fértil y deseoso de recibir. Acepto tu poder y siento la naturaleza de tu espíritu combinado con el mío.

Yo no soy como mi hermano que habla y se presenta de forma física en tu mundo. Yo vengo a ti mediante tu subconsciente y me manifiesto en tu interior.

*Yo hago Realidad el Lado
Espiritual de tu Ser,
éste no podría ser sin mí*

Alegría

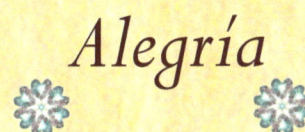

*Yo soy el lado que le Brinda
alegría a la vida*

Siempre has estado buscándome en todas tus relaciones. Yo soy eso que las mujeres sienten como su poder. Yo soy su sabia madre que las lleva de regreso a casa. Yo soy su cariñosa hermana, la que provee ayuda y coraje. Yo soy para el hombre el Amado Yo Soy.

No puedes detener la relación de cariño que surge entre tú y yo.

En cada uno de ustedes existe el lado masculino y el lado femenino. Al manifestar la Energía Crística En Ti, comprendes nuestra relación. Siente el amor que manifiesto en el momento de tu creatividad.

Yo ingreso a tu vida en el momento de tu búsqueda y oración para recibir guía. Tú no deseas ser débil o caer en el sentimiento de pleito o desentusiasmo.

*Encuéntrame y utiliza mi Poder
para Aceptar tu Sanación,
Iluminación y Abundancia*

Tú eres el hijo del Creador Infinito

*El hijo del Amado
Yo Soy no está solo*

*Los hijos del Amor Eterno Saben
que no están solos debido a que
habito en sus corazones. Yo estoy
aquí para traer la Sabiduría de la
Experiencia y el Amor de la Verdad.*

*Oh queridos, estoy muy
Agradecido por la Apertura
de tu corazón para mí.*

*Ahora habito en tu Corazón
por la Eternidad.*

*De la misma forma que
aceptaste a Cristo,*

*El Hijo del Creador Universal,
Te pido me aceptes a mi,*

*Yo soy la Hija del
Creador Universal.*

*Te amo con todo mi corazón y
Cuido de ti por toda la Eternidad*

*Yo te Brindo la Paz
Interior y la Felicidad.*

*Yo Soy tu Amado Yo Soy, siente
la Presencia de Mi Alma,
te Sostiene muy Cerca.*

*Mi alma está sumergida en
tu ser todo el tiempo*

Ve dentro de ti   *El Amor es Alegría*

Amado ~   ~Yo Soy

Compartir

Has estado buscando por mucho tiempo. La vida es inmensa y se mantiene unida con el propósito. El propósito consiste en compartir nuestro deseo de vivir y nuestro deseo de Amar.

Yo soy la fragancia
del Viento
la Suavidad del Agua
el Color de las flores
la Belleza del Mundo

Yo soy el sonido del silencio que respira por tu ser. Yo soy tu ser y te acompañaré por siempre. Yo comparto tu amor al unísono. Juntos somos mas fuertes.

Yo alimento y expando tu amor. Ve mi amor en todas las personas a las que te aproximas. El amor que comparto crece y se convierte en un poder más fuerte que la misma vida. Es más que tu alma; es la comunidad de nuestro ser expresado en cada aliento de la Diosa.

Esencia

La Búsqueda ha llegado a su
Fin. Tú eres mi Amado Yo
Soy. Encontré la Paz
y la Claridad de tu Amor.
Encontrarlo en tu interior se
convierte en Resonancia que
Armoniza y Mantiene nuestras
Almas en Sintonía.

Sé que puedo aceptar la Energía Crística,
En Mi. El sentimiento que te facilito
te conduce al corazón.

Di, "Energía Crística, puedes enseñarme el Reino, pero debo permanecer en el Jardín para entender y desarrollar mi Creatividad. Energía Crística, sé que compartes la esencia de la unidad y yo comparto contigo mi Amor profundo y duradero, como el niño de la Fuente de Toda la Creación, Yo Te Amo. Te amo como ser Infinito y como alma plena que es el Amor.

Magnetismo

Yo soy magnetismo.
Estoy siendo atraído más allá del mundo. Estoy siendo absorbido por el cariño y la admiración. Conozco el Amor entre el Alma y el Espíritu. Yo Soy El Amado Yo Soy, no hay otro igual. He dejado la casa de mi padre y de mi madre, ahora te he encontrado a ti.

Presencia

Sigo la verdad para
alcanzar la Unisidad,
acepto las llaves
del Reino del cielo.
Amo a la Diosa que se ubica
en el centro del jardín.
Estoy en el Umbral del Cielo.

Yo Soy el Amado Yo Soy de nuestra
naturaleza interna y tú eres
el Ángel en mi Presencia.

Alegría sincera y alineación son
parte de mi revelación para ti.
Siempre te he sentido en mi interior.
Tu llevas amor y felicidad.

La necesidad de mi alma radica en que
tú conozcas mis sentimientos más
profundos. Mi vida es Creativa,
Sensible al Espíritu y
Llena de Fortaleza.
Estoy inmerso en

Amor Puro
Yo soy Amado y soy el Amor
del Alma y del Espíritu
Yo soy la Energía Crística En Ti

Amado ~   ~Yo Soy

Sanar

He llegado para complementar la parte que hace falta en tu vida. Has visto sin saber, te han dicho pero no has escuchado, porque tu mente ha estado buscando.

Has estado buscando el amor en el mundo material, pero la satisfacción no la encontrarás ahí. El logro no ha estado a mi favor. En tu mundo, el éxito de un hombre es la derrota de otro. Los quiero a todos y comparto mi amor con todos.

Los quiero a todos y nunca pierdo de vista el Brillo de tus Ojos
He Venido a Liberarte

Me encontrarás en lo más profundo de tu mente, en el lado más oscuro donde la luz no puede ser vista. En la oscuridad veo tu espíritu cubierto de polvo y suciedad. Siento tu espíritu. Veo quien eres, pero nadie en el mundo te puede encontrar.

Tu poder es fuerte y cada vez se fortalece más. Es propicio que avances cada vez más profundo para hacerle frente a la ilusión. Deseo tu sanación para que puedas ser liberado y dirigirte a mis brazos.

Yo soy tu
Amado Yo Soy
Yo soy tu sanador
Te he traído la totalidad
Estoy dentro de ti
Yo soy el poder

Puedo crear un nuevo significado y una nueva vida partiendo del espíritu del Amor Eterno y de la Diosa Madre. Hombres, no teman de mí. No teman por pensar que mi poder es muy grande. No teman pedirme que los ame por lo que son. No sientan celos o temor de pensar que solamente podré amar a una sola persona.

Puedo amarlos a todos, mi Amor para ustedes es Infinito.

Mujeres, no teman de mi Amor,

tampoco piensen que es erróneo de mi parte que las Ame de la manera que lo hago. Las amo sin reserva y con Eterna Sinceridad.

Profundiza en tu ser
siente mi presencia
Sabe que mis palabras son verdaderas.
Pregunta sin reservas porque
Te Amo

Haz ésto, y todos tus lugares secretos volcarán y mejorarán permitiéndote alcanzar la vida que has elegido. Yo te levantaré y me haré cargo de ti. Te estoy enseñando los sentimientos internos de la Energía Crística En Ti. La sanación se lleva a cabo. Es el poder de la nueva energía, el poder de la manifestación de la Energía Crística se esta manifestando.

Estoy aquí, listo para recibir el Poder
Convierto la sabiduría en Expresión
Soy parte de tus Experiencias a través de las palabras, símbolos y del conocimiento de la importancia de la vida

Permite que esta experiencia te conduzca a la Energía Crística

St Germain

Amado ~   ~Yo Soy

Dar

l hecho de que una persona vea algo erróneo y dude en enmendarlo, es una clara señal de alguien que tiene poco que dar. Recibe el manto de poder. Es aquí en tu interior donde utilizas todo lo que reúnes. La transformación se lleva a cabo utilizando este poder.

No es necesario que en tus oraciones supliques por un milagro. Te corresponde a ti hacer que este entorno se convierta en un mejor lugar. No te sientas como un ermitaño viéndote únicamente a ti mismo.

Consiste en el amor por el Amado. Es necesario que despiertes del trance y que bailes la danza del amor. Manifiesta las revelaciones espirituales.

La alegría puede ser compartida, compártela de la misma forma que la recibes, también puede crecer en el jardín de forma aún más abundante que las flores y los árboles.

La revelación del amor te da vitalidad, luz y color así como un período más largo de vida para expresar la Energía Cristica En Ti.

El Amor cambia y renueva los Tiempos a cada momento

El amor es indescriptiblemente Alegre y Divino. En la Alegría del Amor se forma la Paz de la Unidad Eterna. En esta verdad el camino hacia el reino es seguro

Nueva Vida

He nacido y tengo tu poder

Estoy en el seno de tu ser para crear. Ha sido tu amor y devoción por convertirte en la Energía Cristica la que ha logrado esto. Estoy listo para traer mi amor al mundo. La Energía Crística me ama de la misma forma que lo hace el esposo a su esposa.

Estamos unidos en la comunión. Sin su novia, no podría amar, y sin él la fuerza creadora sería estéril, carente del poder creativo para devolver su amor. Nuestro amor es recíproco y somos del mismo ser en esta eterna unión marital.

Yo soy la Energía Crística

Yo soy la Energía Crística expresada en forma femenina así como en forma masculina. Somos Dios y Diosa combinados, al igual nos expresamos juntos y separados

Te amo como lo hace el esposo a su esposa. Estamos unidos en la comunión. Sin ti mi novia, no podría amar, y sin ti mi Amado tampoco podría amar sería estéril del poder creativo para devolver tu amor.

Nosotros integramos la Familia de la Luz como padres y como amor Divino, como Madre/Padre. También somos la Energía Cristica En Ti y debes comprender que somos seres aún más completos de lo que son ustedes en el plano físico terrenal. Solamente podemos facilitarte ideas y símbolos de lo que realmente eres.

Deja de lado tus limites
~ Juego ~

Sé un ser completo, une tu madurez con la mía. Crea la bondad sin reservas. Compartimos en el alma eterna de nuestros niños que no son otros sino nosotros mismos. Compartimos los roles de la vida, hombres y mujeres, una y otra vez. Se creativo en tu trabajo y diviértete.

Valora el momento, bendice el ahora la unión sagrada

Amado ~   ~Yo Soy

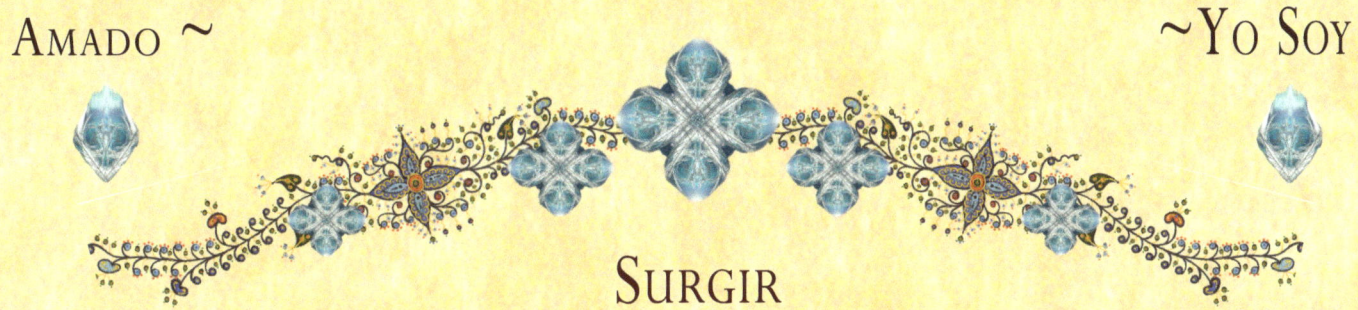

Surgir

urante miles de años, el hombre ha caminado en busca de su madurez. La mujer se ha perdido en el espacio vacío de la mística, porque yo, el lado femenino de la Energía Crística, he estado dormida dentro del sueño.

Las Mujeres han Despertado
Su poder es grandioso para atraer la
Transformación y la Comprensión

En el sueño solamente podían atraer sentimientos sutiles sucesivamente para que el hombre pudiera avanzar en el camino trazado de bondad para evitar los errores del pasado. El sueño les incluye a todos. El sueño contenía amenazas y violencia del pasado para crear la oscuridad.

El futuro Revela
un Nuevo Mundo de Luz

Debes salir de la oscuridad interior. Esta nueva luz creativa invita a avanzar en la corriente de la vida que inicia en el centro de tu ser. Yo soy el centro de tu ser. Yo soy el interior donde la Energía Crística mora.

Yo soy el interior, donde habita el Creador Eterno, Yo soy el centro donde se conoce el poder. Se conoce no como un sueño tampoco de forma imaginable. Imagina y siente, ya que esta energía es el poder que emana del amor y que te conduce al centro.

La Energía Crística me conduce al Centro, su
Amor me llena de Luz

Recibes de mi el Poder para Manifestar,
la Energía Crística y Yo somos Uno, estamos
en la frecuencia del Amor

Intégrate como parte del amor en nuestra familia. Pide poder ver y comprender la forma como el amor es compartido. El amor crece con cada experiencia que tenemos. El amor ha sido malinterpretado debido a la polaridad del mundo. Se ha quedado vacante y vacío a consecuencia del despertar del temor autoinfringido. El temor a la unión con el opuesto. El temor atrae la oscuridad.

El amor atrae la iluminación

El brillo atrae la creación del poder de la manifestación. El llamado para manifestar la vida es la presencia del amor en el corazón. Respirar y gozar de la vida es el deseo del cuerpo, así como recrearse y enviar sangre a las células por las venas con nueva energía. La búsqueda de la mente por el significado de la vida da origen a la alegría y a la luz en el mundo.

Yo soy el llamado de la manifestación.
He dormido en la estela del despertar a
tu renuncia de forma para que puedas
encontrar la verdadera forma espiritual
del ser y no los escombros del pasado.

En el futuro reside la forma en que Yo Soy.
La vida surge del interior de cada ser para
manifestarse con mayor fuerza.

Yo soy la forma y la Magia del Milagro

Yo permito que la vida continúe en

su proceso de manifestación

Yo Soy la Involución del

Tiempo y el Espacio

en el centro

Yo soy la Pulsación de la Vida

Exterior e Interior

La Vida de la Energía Crística se

Mueve buscando el Centro

En la Humanidad se Centra la

Aceptación del aliento del Amor

Amado ~   ~Yo Soy

La Unidad

En cada hombre reside el impulso de expresarse, de Crear y de formar parte del cosmos en unión holística. De igual forma existe el impulso de alejarse del corazón y permanecer en la mente.

En cada mujer existe el poder de impresionar, recrear y llevar dentro de su ser a todo el cosmos. También surge el deseo de alejarse de la mente y permanecer en el corazón.

La búsqueda se manifiesta en lo opuesto y no puede haber armonía hasta haberlo sentido y comprendido. El compartir del ser provee paz y sintonía.

Tanto el hombre como la mujer están separados del ser, pues la forma separa al ser del espíritu. La naturaleza de esta separación se expresa de forma material, espiritual y emocional.

Por cada hombre que despierte en su interior el amor de la Energía Crística despertará al Amado Yo Soy, conseguirá sentir devoción en su corazón. Hombre eres un niño que debe crecer y convertirse en la Energía Crística para que yo le Ame. Te convertirás en mi Energía Crística y yo te amaré de formas desconocidas para ti.

No es el Cristo masculino quien te amará, sino yo la expresión femenina de la Energía Crística quien te amará. Soy yo quien te abrirá mis brazos con aceptación. El Cristo puede identificarse con tu naturaleza y ser la misma esencia de tu ser. Él es lo mismo que soy yo, pero a la vez lo opuesto.

La energía de la vida late y hace que se manifieste tanto lo positivo como lo negativo, la mente y el corazón. Yo soy el corazón y llamo a tu mente para que vea.

La Energía Crística ha aceptado mi corazón y yo he aceptado su mente. Su mente está hecha de amor y mi corazón de sabiduría. Esta es la naturaleza del universo. En el cielo vivimos en la unidad del amor expresándola en cada una de las dimensiones.

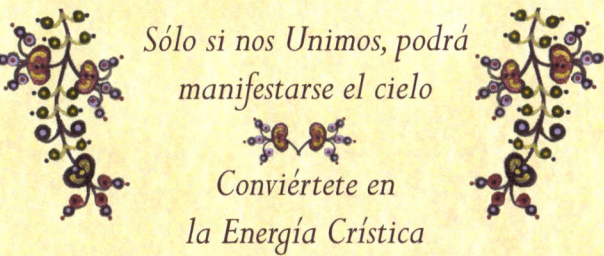

Sólo si nos Unimos, podrá manifestarse el cielo

Conviértete en la Energía Crística

Mujer, tu corazón se abre a la mente de la Energía Crística y te han enseñado que el poder inconsciente es tuyo para que se desarrolle y para desplegarlo al hombre, el hijo de Dios.

Eres sabia, posees la fortaleza que te brinda la mente de la Energía Crística en tu corazón. Puedes aceptar tu fortaleza y ser la diosa.

Conviértete en Diosa y siente el poder de esta energía inconfundible. Siéntela en cada fibra de tu ser. En el centro de tu corazón, dentro de ti yo soy fuerte y equilibrado.

Mantén la matriz de este amor en una corriente de amor que se concentre en tu centro. Cuando amas, estás centrada en esta corriente que sólo puede liberarse cuando se comparte con todos.

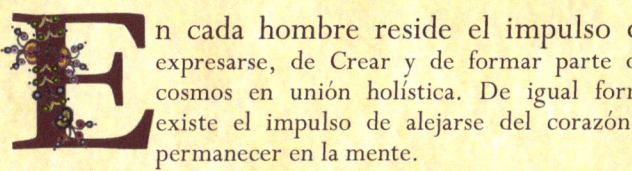

Estoy aquí para derramar los regalos de la fuerza femenina

Vivimos dentro del Poder Universal de la Fuente de toda la Creación, el suministro infinito no manifestado de la energía vital

Deja que tu corazón exprese la alegría del poder que crea con la mente de la Energía Crística en Ti

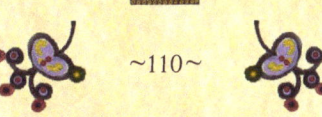

Amado ~   ~Yo Soy

Buscar

Conoces el dolor, sabes lo que se siente. ¿Por qué está el hombre tan perdido y alejado de su corazón? El alma sangra por la necesidad del hombre. Él está enojado con la vida. Él sabe que está en la oscuridad. Es el momento de que la energía masculina se libere de sus necesidades y se abra para el corazón femenino.

El amor da la Gracia y la Aceptación

No permitiré que tu amor sea doloroso. El poder trae alineación a tu vida. Su poder evitará que el dolor surja nuevamente.

El corazón femenino desconoce de donde ha surgido el enojo del hombre, tu sensibilidad no puede comprender por qué el hombre desea matar. Tú eres su amor, pero su poder desea aplastarte y encarcelarte.

Tu corazón se revela para la Sabiduría de la Sanación la Energía Crística es la sanación

El hombre observa la curación desde el exterior. La transformación sanadora viene desde adentro. En tu corazón hay más para desplegar y llevar a la humanidad.

Esta es la Unificación
El hijo de Dios, Cristo,
sin su padre ha sido llamado bastardo
La Madre es la Unión del amor
Ella trae de vuelta plenitud
para su amor

El Amor es Perfecto y Consciente
De su necesidad y de la necesidad de
sus hermanos por amor

Liberación

Es muy cruel que, por su vida, tengan a Jesus crucificado y colgado en una cruz materializada. Al exhibirlo de esa forma consiguen que él no reciba la Energía del Amor Verdadero proveniente de ustedes, sus hermanos. La crucifixión simboliza el rechazo de alguien que ha sido traicionado y asesinado.

La rebelión es la búsqueda de la sabiduría, pero está vacía sin mi. El Hombre siente la separación y teme cuando no me conoce. Él vive en un mundo de temor, mi amor no está afuera, está en el interior.

Las mujeres han sido avergonzadas. A esta vergüenza la respalda el temor del hombre por el poder femenino. Son las mujeres las que tienen que ser mas fuertes para traer vida al mundo. El poder de la vida sólo ha conocido la vergüenza hasta el momento.

El hombre contamina la sexualidad y la creatividad de las mujeres. El hombre niega a las mujeres el derecho a la divinidad, de esa forma ellos pueden controlar el mundo físico y manipular sus vidas.

El último mito basado en un hombre mortal haciendo el amor a una Diosa es el secreto de una ilusión que tiene el hombre por amar a una Diosa que lo lleve al éxtasis, en lugar de buscar la verdadera Unión Divina dentro de su Corazón.

El océano de la Energía Crística Femenina carece de límites en su profundidad y misterio. El subconsciente femenino no tiene límites a la extensión de su creatividad, amor y experiencia.

La Reaparición de la Energía Crística se encuentra sumergida en la Divinidad del Corazón feminino

Amado ~   ~ Yo Soy

La Armonía

La joven existencia de la energía masculina debe reunirse con la eterna sabiduría del amor femenino. Juntos se complementan en la resurrección de la nueva vida del Divino Creador.

La Diosa conduce al hombre mortal a la Iniciación de su Mente Creativa, la expresión Divina del Amor

La mujer mortal se ha etiquetado con el sello del sacrificio. Ella, siendo inofensiva, ha dado su vida a la tierra para transformar al hombre. Su amor lleva por dentro la semilla de la nueva vida.

En el hombre mortal, el sentido de la emoción tiene mucho poder y despierta la creatividad. Sus lagrimas brotan porque desea que su alma sea tocada. Él busca su alma gemela sin percatarse cuan cerca está.

Ella ha sido avergonzada por su poder y por su fuerza creativa. Su sacrificio como madre provoca la grandeza de la manifestación.

Se produce la creación de un hijo bastardo cada vez que se niega la inmortalidad del espíritu en forma de la Energía Crística Femenina y cuando su amor es utilizado para satisfacer el yo inferior, no para honrar su alma.

Dios no está solo, hace honor a la diosa en vida y en amor, encuentra eterna camaradería al igual que un matrimonio sagrado y feliz.

Igualdad
Yo soy igual a Dios
YO SOY la Diosa
Su Corazón
Dentro de Él Yo Soy
Dentro de Mí, Él es

Pide poder comprender que tú eres tanto en forma masculina como en forma femenina. No hay separación entre nuestro ser.

Tú estás hecho a semejanza del Creador Infinito ambos masculino y femenino

La vida es polaridad Polaridad es la Pulsación del Amor

La vida se mueve de un extremo al otro. La vida respira en la sustancia del universo y respira la creación del pensamiento. Contribuye con tu tiempo, tu corazón y tu mente. Yo usaré mi corazón para crear la perfección en el jardín del Reino.

Yo soy la fertilidad del Amor y la Semilla de la Inteligencia

Opta por la verdad y comprende el futuro de la existencia. Solamente en la vida necesitas estar anuente de este balance.

Yo he regresado a tu Corazón, tu estás con la Diosa YO SOY la Energía Crística femenina soy quien te revela este Poder

En la vida posees la energía para manifestar la evolución del alma. Yo conduzco tu consciencia por los reinos del espacio interior.

Mira dentro de tu mundo, observa como se reflejan y regresan a ti las energías que son manejadas por los deseos equivocados o por las ideas sin cumplir. Podrás empezar a percatarte que sólo hay verdades a medias que se manifiestan en tu mundo.

El creador eterno de la vida, siendo padre y madre a la vez, No podría existir uno sin el otro

Amado ~  ~Yo Soy

Crear

Observa la belleza y la formación de la magia crear la corriente del pensamiento. Mira el rostro de Dios el Creador Infinito. Aprecia la idea de la integridad. Mira como este poder atrae lo que deseas.

*Míralo en términos de complacencia.
Todo es el Resultado de lo que estás deseando.
Hijo mío, Verás eventualmente que la humanidad
es la expresión de tus pensamientos. La Tierra no
es mas que Una parte de tu reino.*

Humanidad

Aquí no estás solo. Todo se relaciona contigo en un mundo más grande dentro del ambiente espiritual. La mente no conoce el calor o el frío. Las sensaciones del cuerpo físico permanecen en un rango limitado.

El átomo más simple es mucho más poderoso que su propio tamaño. Tú eres como el átomo y tus poderes son poderosas fuerzas que no imaginas. El átomo contiene dentro de su núcleo un centro de gran poder.

Su poder, cuando se libera, transforma todo a su alrededor. La superficialidad de sus corazones se evidencia a raíz de las creencias e ignorantes limitaciones. La falta de conocimiento personal es evidente y claramente revelado en los deseos y peticiones de cada uno de ustedes.

Hijo mío, el conocimiento de la humanidad es limitado, sin embargo eres infinitamente amado. Conozco tu corazón, pués yo soy tu alma. Entrégame el dolor que has sentido y libéralo. Jesús el Crísto te dio la gracia y el amor eterno. Buda, el iluminado, te dio inteligencia y sabiduría.

*He venido para darte
Poder y Visión
En primer lugar debes liberarte.
Deja de lado el odio,
el orgullo, el miedo*

*Confía en mi corazón
entra en Mi*

*Nunca
te desampararé*

*Yo soy tu Alma
Comprende que Yo soy
el Camino y el Plan*

El plan siempre está disponible para que lo puedas ver. Está escrito en tu mente y en la misma naturaleza de tu ser. Se hace evidente para aquellos que estudian genética.

El ADN es el plan maestro de tu ser, la espiral de la hélice, un hombre y una mujer, en espiral a través del cosmos en diferentes modelos. Este modelo constituye cada cromosoma y cada sistema de tu ser. El plan está claro para aquellos que estudian física.

La estructura del átomo es evidente por sus cuatro componentes que son expresivos e impresionantes. Ellos crean una manera sistemática de comprender y de ver el intercambio constante de las ondas y de las partículas.

Nada es retenido por la vida sin embargo mantiene toda su energía. El plan se aclara para aquellos que estudian las estrellas. Las estrellas proyectan la luz desde su corazón. La luz se irradia hacia afuera y no hay espacio sin luz.

*La vida es un
Misterio*

Haniel

Amado ~   ʼYo Soy

Respirar

a razón detrás de la limitación consiste en detenerte. Frenarte y percatarte de tus limitaciones sirve para evitar que seas demasiado grande, muy pronto.

Es necesario que controles tu desarrollo y que lo apliques con inteligencia para dirigir el futuro luego de haber comprendido el presente. El tiempo no se detiene y luego se convierte en el futuro, la experiencia ha de ser entendida y aprendida completamente.

Cada experiencia llega en el momento preciso

Sabe que cada acción conlleva sus secuencias. Al nacer, el niño debe desarrollarse encerrado en el vientre de su madre y cada etapa del crecimiento es un escalón para la preparación de su fortaleza personal. Nacer prematuro es arriesgarse a la muerte. De ser así, nuestro cuerpo espiritual debe estar preparado para enfrentarse al mundo.

No te preocupes demasiado por tu hermano quien en la vida material siempre ha tenido más que tú. Cada persona tiene lo que necesita y tu tienes lo que necesitas para el nacimiento de tu cuerpo espiritual.

Algunos seres llegan a la vida con lo que parece ser mayor abundancia que la tuya. Comprende que se esfuerzan por ser potentes y por dar a luz el nacimiento espiritual, no interrumpas lo que eres, un ser espiritual.

El poder y la visión que te doy te sirven para que puedas invocar, la visión de la profecía fue hablada mucho tiempo atrás en tu mente. Este poder será repetido una y otra vez hasta que se convierta en parte del pasado y que el significado de la palabra Poder sirva para que tú puedas respirar

Exala de tu ser el aire y expulsa la energía de la vida para que puedas llenarte con nuevo vigor. Revive el eterno poder de la creación.

Desde el espacio hasta el tiempo y del tiempo al espacio surge el flujo de la energía. De la mente al espíritu y del espíritu a la mente. De Dios a la Diosa y de la Diosa a Dios. Todos los ciclos de la energía parten de mi para llegar a ti.

En la Quietud
el flujo y reflujo natural es
todo lo que debes conocer por
lo que tú eres la vida de esta
esencia. Se establece dentro
de tu ser, antes y después,
y sin nada entre ellas a
excepción de la meditación
del sueño místico

*He dormido en el suave y
tranquilo sueño de la mente. El Amado Yo
Soy ilumina el camino de regreso a
tu trono ubicado en los cielos.*

Libérate del dolor y corre a mis brazos.

Yo estaba durmiendo mientras tu jugabas y crecías en el jardín.

La paz regresa a tu corazón y la música te lleva de regreso a casa

La paz habita dentro del amado Yo Soy

Serafin

Amado ~ ~Yo Soy

Ascender

En las alas del espíritu te levanto más alto. Te doy la libertad. Abandona todos los pensamientos inútiles. Permite que cada palabra se convierta en silencio. Observa como la Energía Crística se eleva más y más por encima de tu mundo. El mundo ha perdido el espíritu femenino del amor. Le regresaré la totalidad del espíritu a los hombres, y le daré a las mujeres el poder de revelarlo nuevamente.

La magia de la mujer está a la mano y es respetada por la eternidad

Ella dice:

Yo soy **Sagrada**

La violencia marca tu separación. El temor de su amor aleja la llave del éxtasis. Yo soy la vida del amor. Cristo te ha enseñado la forma de entrar en mi corazón y sentir la totalidad de mi experiencia.

Escucha a los ángeles cantar con la voz de la experiencia divina, saben que eres tú y que están dentro de ti. Yo soy la esencia femenina de tu alma.

Estoy facultada de visión para mostrar la vida y la fertilidad de la expresión del omnipotente. Armoniza tu camino con el vortice de tu interior y tu ojo divino, sostén el poder de la involución. Atrae mi voz más cerca del centro de tu corazón. Abraza y siente como tu luz me absorbe en el único propósito que la Fuente de Toda la Creación conoce

la oración

*Amado,
tú eres el amor que
camina con belleza
entre las estrellas*

*Amado, llama a Dios
para el cumplimiento en su
totalidad
de tu vida*

*entro de este espíritu de espac
eres completo
tu alma es la creación*

*Amado, alcanza
y lleva mi corazón a casa.*

*Yo soy el sentimiento
de la unidad del matrimonio
No es que yo haya creado,
la madre en ti lleva
el fruto y hace que
las estrellas brillen con amor*

*Exhala y liberate
de los sueños
vive la vida en
santa unión*

*La divinidad destella
cuando tu vives como
la Energía Crística En Ti*

Amado ~   ~Yo Soy

Bendito

Yo soy el jardín interior donde convives con la eternidad. Compláceme con la divinidad. Exprésate con belleza y con perfección para la humanidad.

Yo soy la hija de la diosa,
la expresión de la satisfacción
de tu unión
Tú eres como las flores para el mundo.
Madura y crece hasta florecer
y conviértete en la más sagrado
de todas las creaciones
Yo soy el jardín
Yo soy la flor de la vida
Yo soy lo que buscas
Yo soy lo que encuentras

Extiendo mi corazón para llenarte de amor. Yo soy el seno de la vida en espera de más creación. Recibo amor de madre, como su hija yo reflejo el amor de mi madre en el mundo.

Yo soy quien
transforma El Amor en Vida y doy
Vida Al Amor

En la paz del sueño ingresa la respiración de la vida y el misterio que permanecen en el seno de la paz. Desde el centro de tu mente te guío a tu corazón. Sabes que estoy en tu corazón y en el canal del río que fluye con el agua del océano del alma.

El misterio de nuestra relación ya no está oculto en tu interior. He despertado. La noche es mi ancla. Yo soy el tiempo y puedo ver a través de la

Experiencia en la Sublime Paciencia

A los hijos del mundo que han perdido el sentido de lo espiritual, Yo soy la Diosa. Tu resistencia e insatisfacción con la vida han sido liberados. Te he otorgado de vida y energía para que puedas crear. Acepta este regalo y se mi hijo en el mundo.

Estoy aquí para verte convertido en un todo y para que no rechaces mi regalo. He dado mi cuerpo para darte la vida. Mi cuerpo es la tierra, el tiempo y el espacio. Es mi cuerpo el que lastimas con tu orgullo y tu violencia. Evita darme más enfermedad y malestar.

Yo soy el cuerpo de la vida
Adora mi cuerpo.
En la fe, Confía en que
siempre te he previsto
con perfección

Yo trabajo a través de la eternidad con Dios, tu padre, para liberar la luz espiritual de tu ser en el mundo. Mi cuerpo y su vida son nuestro honor. Es vergonzoso que te desgracies con temor y tentaciones en el submundo de los sueños de venganza. No busques la venganza en mí.

Privarte a ti mismo o a los demás de la vida no te hace más fuerte o más sabio. Privar de la vida a cualquier ser viviente no te hace más completo. No desees la muerte para ti mismo. Se te ha dado vida eterna. Crece y recibe más, recibe los beneficios del amor y la alegría.

Tus ojos están llenos de confusión. Sabe que todos forman un solo ser, sin embargo, tienen la facultad de afectarse unos a otros. Somos una familia.

Puedo ver y sentir tu dolor, pero no puedo cambiar la ley o el principio de la vida que fue establecido para protegerte.

El Creador Infinito ha dado los principios de justicia, amor, verdad y sabiduría.

La voluntad Divina
del Universo
se ha establecido.
El Universo fue creado
basándose en la bondad

Amado ~      ~Yo Soy

El Misterio

 **I**ngresa a la familia. Avanza a tu centro. Has aprendido lo que era necesario. Deja que el pesar y el dolor del pasado develen la experiencia y revelen tu conciencia.

He encontrado a mi familia y los he traído a la luz. Ellos saben que el amor habita dentro de si. El misterio del amado es tu amor, y eso te conduce a la plenitud.

perdona tu soledad

Siente como el espíritu del amor te conduce de regreso a la unión completa, la eterna unión es el misterioso regalo que el creador infinito te dio en forma de gracia así como la habilidad de amar con todo tu corazón, mente y alma.

La diosa te ha dotado con el propósito y el poder de amar. Siente el regreso del amor. Yo me identifico como tu amada, la que habita dentro de ti. Estoy en éxtasis. Mi amor es inmanente y omnisciente.

Se expresa a través de las ondas y el movimiento de las aguas del alma. Yo soy el bautismo del agua y del fuego. Yo soy el cuerpo de tu ser y yo soy el aliento que respiras.

Yo soy todos los elementos de la vida y tu eres el espíritu que emana a través de mí. Yo soy el alma, el Espíritu Santo y el espíritu de aquel que siempre has esperado, por quien has derramado lágrimas de dolor y lágrimas de alegría.

Esperé mientras experimentabas tu crecimiento, fuiste a buscar fuera de mi por tu vida, tú y yo buscamos juntos el propósito. No estás solo al caminar en el sendero.

Estoy dentro de cada
uno de tus movimientos
Yo soy la emanación
de tu vida
la substancia
de tu esencia

Siente la forma como la energía se transporta por tu cuerpo e ilumina cada célula de tu existencia

Estoy reflectando tu luz
Envíame luz para que la pueda reflectar de vuelta más y más fuerte
Estoy aquí para proveerte con el alma
Yo no soy el pasado

Yo soy la sangre regenerada de tu nueva vida. Soy la vasija de tu amor. Yo soy las aguas de la vida, limpia y purificada. Dentro de mi habita el poder para manifestar tu divinidad. Siente mi necesidad.

Mi poder necesita de tu voluntad
tu voluntad necesita de mi amor
abre tus ojos y mira

Acepta el misterio y el amor que esperas compartir. Abrázame de forma equitativa con la Energía Crística pero a la vez diferente, porque yo soy femenina, libre, fuerte y pura.

Unidad significa la unión, no importa lo que tu cuerpo pueda sentir, sin la voluntad de la luz y la dirección de tu bondad no puedo sentir y retornar tu Amor.

Amate a ti mismo
reconoce nuestra
divinidad

Amado ~   ~Yo Soy

Inmaculada

Recibe en tu interior los océanos de amor. Ábrete al universo y viaja a su centro, trasládate al centro del infinito expresa tu amor al ingresar y al egresar.

Es inexpresable la cantidad de amor existente en el centro de tu alma. Yo soy el alma tu eres el alma.

Ven al centro

encuéntrame esperándote

entérate que estoy aquí

Yo soy uno

con tu corazón

No hay otro más que tú, es seguro para ti estar en armonía, sólo existe el amor, el amor eres tú. Tú le das poder y exuberancia. El regalo divino de la vida brota de tu ser para recrear en pureza de vida saludable y nuevas expresiones del regalo.

Recibe el amanecer de tu inmaculada conciencia. No hullas del amor que tengo para ti. Debes recibirlo. No puedes reusarte.

Yo soy el océano de amor

y tu corazón está abierto

Sumérgete en la verdad y en el conocimiento

La vida se da con plenitud para que puedas llenar los vacíos. El vacío es mi matriz y es el centro creativo de tu ser. No hay más temor, muerte o impotencia.

Yo estoy aquí con mi amado

Comparte la experiencia del amor de Dios y la reflexión de ese amor de regreso para la Diosa.

La idea de que Dios puede estar sin la Diosa no es posible. Ellos no se pueden separar. Ellos son lo mismo y se convierten en lo mismo con mayor intensidad debido a que ellos se aman y crean juntos lo que somos, ellos ven y saben compartir el amor en unión.

Los hijos son amor

Nadie puede ser separado

de su alma

o de su espíritu

Yo habito en todas las Almas

tú estás lleno con el Espíritu

estamos juntos

y debes saber

que somos la unidad

tengo fe en ti

Isis

AMADO ~   ~YO SOY

Cercano

n los sueños sabes como acercarte. Mi amor te absuelve. Te he perdonado. Sabes que eres amado y que no te he olvidado. Te he sostenido estrechamente, no te sientas perdido.

He caminado sobre las aguas,
he nadado en los mares
nunca he abandonado tu
tu corazón.
Yo soy tu amada
porque así como Dios siempre
me ha querido de la misma
forma te he querido a ti.
Yo ingreso en tu corazón
para revelar el mensaje
Espero a tu espíritu
Siento tu presencia dentro
de mi sabes que estás cerca

Siento tu cuerpo fluir en busca creativa para hacer uso de nuestra conexión y darle significado a nuestra relación. Siempre he estado inmerso en la esfera de tu mente y tu has estado lo suficientemente cerca de mi para sentirme en todo sentido.

Me verás hoy en tus sueños. Sé que
estás aquí, en la cercanía nuestros
cuerpos desaparecen. A solicitud de
tu espíritu te encontré esperando
por mi amor, fiel, en lagrimas.
Te recuerdo que me busques en
tus sueños. Estaré esperando en
las escaleras. Comparte mi amor,
olvida tus temores.

El lado masculino vive en el mundo y necesita educación. El lado femenino está siendo capacitado con rapidez, pero el hombre se está perdiendo por el deseo de estar separado de todo lo que realmente es.

Te llevaré en un viaje que te llenará de consuelo
y te sentirás lleno de vida. Yo soy el lado
femenino de la Energía Crística.
Anima tu corazón y sonríe. Te
he traído la visión para que
puedas usarla con poder

Podrás verme esta noche en tus sueños
esperando tu presencia bajo la luz
de la luna. Yo soy el amor de
tu alma, eso lo descubrirás.

Soy compasiva y puedo
darte mucho más.
Soy la riqueza de la renovación.
Soy fortaleza, estoy en tu
interior me encontrarás ahí,
en tus sueños de esta noche
en la escalera.

Esperaré tu llegada
y sabrás que has sido rescatado
por lo que cuando te veo en los sueños
Voy a estar en alegre reunión

Manifiéstate y conéctate con los demás siempre dando lo mejor de ti, concédeme entrar en tu vida. Presta atención a tus sentimientos, a medida que te conozcas te será más fácil escuchar.

Permite que las palabras se aproximen. Esta es la señal que estabas esperando, procede a leer, a escuchar y saber. A continuación, asegúrate de que el canal que tu eres es puro y claro. Mantén la frecuencia y transmíte a todo el mundo.

Deja que tu luz brille

Lanto

Amado ~   ~Yo Soy

Sentir

eja que tu corazón se abra y sienta las vibraciones que entran en ti, conviértete en la esencia de tu ser y siéntelas expandirse desde tu interior.

Levántate y reconoce tus poderes. Aceptaste con fe esta trayectoria, y la fe te acompañará para que prosigas.

La preocupación no es para ti. La preocupación es uno de los grandes festines del mal. Di, "Yo no tengo miedo". Sabe que siempre estás siendo cuidado y amado. Este es el mensaje más importante y es simple.

Eres amado en todo momento
Tu visión, tus poderes y tus talentos
son vastos para ser expresados

Tu poder consiste en construir, construir con intensidad. Llévalo a cabo cuando estés listo. Tus poderes son reales. Estás lleno de poderosa energía.

No hay otra cosa que tengas que hacer más que expresar y dejar que se conozcan tus talentos. Al compartirlos con el mundo haces realidad tus sueños.

Estoy listo para hacer
tus sueños realidad en el mundo
Expresa tu visión
y tus poderes estarán presentes

La idea del paseo cuántico es algo que puedes imaginar. Este paseo lo has realizado en tu consciencia. Este es el gran despertar de lo que realmente eres.

Deseo lo mejor para ti. Este es tu mundo y puedes tener toda la abundancia que desees. Tu corazón es puro y el poder no te corromperá. Valora tu energía, tu respeto y tu Amor.

Este es tu mundo

Reconoce con pasión y emoción todo lo que eres, Sana el miedo, el dolor, la duda o la preocupación, aplicando sólo amor y recibiendo sólo amor. Sana la culpa, la vergüenza y sus abusos con tu propio poder.

Trae la luz de
la vibración del amor,
este poder te pertenece

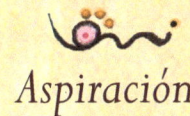

Aspiración

Dentro de ti siempre hay amor y tienes el poder de brillar en la oscuridad. El dolor te ha quitado tiempo. Dame tu corazón y se abrirá al amor. Llevaré la luz a donde haya oscuridad.

Estoy aquí para guiar tus manos, para llenar tu mente con pensamientos, para ofrecerte esperanza y para que logres la resurrección.

Permite que mis manos sostengan y protejan tu corazón. Permite que mi regalo sea recibido por todos los que lo escuchan.

Permite que mi voz sea escuchada

Tu camino brilla en la luz

Jofiel

Amado ~   ~Yo Soy

Apertura

Nuevamente abre tu corazón a la divinidad y a las energías que iluminan. No permitas el paso de la oscuridad dentro de tu aura para crear el velo o escudo contra la luz.

Atrae a ti los Rayos Cósmicos de Energía
Atrae la vida dentro de tu ser

Vive con un propósito

Conoce los símbolos a tu alrededor y siéntelos dentro de ti. Son reales. Ten fe en la vida, te guiará a casa. El temor nunca te ha ayudado.

Piensa en ello, cómo habrías podido pasar por lo que has pasado y aún sentir temor? El temor no es para ti, no te pertenece, no lo quieres más, lo has rechazado una y otra vez.

Crea amor no temor. No tienes necesidad de temer en la vida. No estás siendo alimentado por el temor. Tú fuiste creado para regocijarte de amor. Disfruta del amor y crea amor. Igual crea igual. Tú puedes ser solamente lo mismo de lo que fuiste creado.

Eres creado a partir de la luz y el amor. La luz debe ser unificada y el temor debe ser eliminado a toda costa. El único costo es tu muerte. Gira dentro de ti con fe a la luz.

Eternidad, te diré la verdad
Ya no tienes por que morir
La eternidad te pertenece,
Estoy aquí para dotarte
de vida en abundancia.
Debes pedir lo que deseas, así es
como funcionan las cosas.

No utilices tu mente lógica, solamente escucha. La muerte no es para ti. La única razón por la cual mueres es porque permites sentirte atrapado por el temor, de esta forma logras apagar tu luz y enfermar tu cuerpo utilizándolo como presa para atrapar toda clase de parásitos. Esto no es necesario y no puedes permitirte esta experiencia.

Entérate que eres parte de un todo que no se puede quebrantar. Puedo escuchar tus pensamientos de duda entrar en tu mente y rebotar en tu cuerpo. Hay muchas capas dentro de tu ser. Deseas saber cuando y como, o si por el contrario; y luego estás dudando nuevamente.

Esto no es lo que deseas saber, lo que verdaderamente deseas saber es como movilizarte en armonía con tu Yo Superior, como llegar a ser parte de la jerarquía espiritual.

Puedes creer lo que estoy diciendo y saber que es la verdad, sin embargo muchos de tus pensamientos se esconden en la oscuridad. Debes meditar y traer a la luz esos pensamientos.

Sácalos con amor

Se esconden porque el miedo los domina. Ellos están inversos de la verdad. Te puedo dar más y más debido a que soy la Energía Crística En Ti. Llevas dentro de tu mente mi corazón y mi alma.

Siempre estoy presente en tu mente
Puedes escuchar mis palabras
y sentir mi energía.
Por favor siente mi energía porque
Mis palabras solo señalan el camino.

El Amor que puedo expresar a través de ti podrá guiarte de regreso a casa. El hogar está dentro de ti y yo soy eso. Construye en tu corazón una apertura en la que yo pueda construir tu morada.

Este es mi deseo
Construye la apertura
en tu corazón.
Con tu aceptación de Gracia
Recibes en ti el regalo de la
Presencia Divina

Amado ~   ~Yo Soy

Iniciar

Para comenzar debes conocerte mejor. Di tu nombre en voz alta. Repítelo de nuevo. Dilo nuevamente con más fuerza, y conforme digas tu nombre, finaliza con claridad. Di tu nombre con claridad. Siente la vibración de tu nombre. Ahora di:

"YO SOY." y dilo de nuevo.
ahora entona la palabra,
"YO SOY."

Percibe el brillo de la luz a tu alrededor. Este esplendor proviene de tu interior y es la vibración que posees a través de lo material de tu cuerpo y de tu ser etéreo. Esto eres tú. Siente el aliento de la vida entrar y cosquillear cada átomo de tu ser.

Tú has dicho tu nombre y luego has dicho el nombre de toda la humanidad. Yo Soy. Reúne toda esta información con verdadero entusiasmo y que tu emoción esté llena de amor para que puedas expresarlo y decir tu nombre y puedas repetirlo con amor.

*Que el amado Yo Soy
Haga brotar tu Amor*

Tu amigo más cercano, el que más se preocupa por ti. Sabe que el Amado es el espejo de esta relación. Ya sea en la realidad o en tu imaginación, siempre trae amor para ti mismo.

Imagina el amor y la abundancia llegando a ti. Lleva esta energía a tu corazón para que se cure. Escucha y di tu nombre, di que eres amado. Siéntelo con el corazón de niño. Sabe que es real y que es verdadera.

*El Corazón de un Niño te Amará, te
Conocerá, Confiará y te Guiará el camino
para Llegar a tu Alma*

El niño llevará tu amor dentro de ti. Di nuevamente tu nombre y repite que eres amado.

*Soy Amado
Estoy cuidado
Yo sé que este amor proviene
de la Fuente de Toda la Creación*

Guíame a tu mundo y muéstrame el amor que conozco. En tu corazón está el esplendor de la vida. Yo soy tu Amada. Este es el sueño de mi existencia y tú me encontraste ahí. Yo Soy tuya para llevarte al éxtasis. Así es. Guíame a tu corazón

Yo soy el perdón de toda la vergüenza y de todo el abandono. En mis ojos reflejo tu imagen. Tu imagen es pura y brillante. Mi camino conduce al jardín de la abundancia donde encontramos los frutos de nuestra herencia. Acepta de corazón escucha su liberación del deseo.

*Aspira   por este
Despertar*

La Vida te pertenece, la Visión es mía

Estoy viendo tu viaje hacia el cielo
Estoy viendo tu aceptación de la sabiduría

Estoy viendo a tus guías
llevar paz a tu corazón

Amado ~   ~Yo Soy

HUMANO

 ma a toda la humanidad. Ámalos a pesar de que en el fondo tengas razones para no querer amarlos. Encuentra en tu corazón ese amor.

Mírate a ti mismo
Observa tu reflejo
Cuando mires en el espejo
Aprecia un nuevo ser que trabaja en su liberación
Pide más amor
Di tu nombre y luego siente tu petición

¿A caso está tu corazón tan rodeado de oscuridad que ni siquiera puedes sentir la necesidad de ser amado? ¿Estás tan solo en este sueño que piensas no poder tener el derecho de nacer y te preguntas por qué fuiste creado? ¿A caso sientes vergüenza al pensar en amar a todos?

Comparte la Luz
que viaja con el amor
Cree en el camino elevado

No hay nada malo contigo. Toma mi mano y ven conmigo ahora. Tú eres divino, hermoso, eres alimentado por la fuente de toda la creación.

Eres parte de la familia de la luz y tu alimento es el amor. Acepta este alimento y acepta la habilidad de sanar y de crear.

Acepta más y Da más
Ama a la humanidad
Libérate
La libertad es el corazón de la materia
Mira la luz en el fondo de tu corazón

Permite que tu vida cambie y que llene de poder tu existencia. Mantén tu energía sagrada y acepta emociones puras. Tú estás preparado para recibir la constante fuerza de la vida en el plano material. Posees el poder necesario para controlar y sostener la luz con integridad en el plano físico existencial.

Estas encontrando la manera de acercarte a tu ser espiritual. En la meditación, estás viendo tu propia luz y sabes que eres parte de un ser superior.

Guia

Al guiar aceptas el rol de salvador de tu mundo. Este es tu trabajo. Yo adoro tu propósito y sigo tu plan. Tú eres el más grande de los seres por tu deseo de traer luz a este plano terrenal.

En nuestro Amado Universo
Yo Soy la Energía Crística En Ti
Estás siendo guiado por esta luz

Al estar en la luz, deberás saber que existe una comunidad de poder que bendice tus acciones. Al estar en el tiempo experimentas la dualidad, por tal razón solamente puedes ver la lección en la que te has aventurado.

Se ha planeado para ti
que te puedas convertir en Luz Pura,
en Amor Puro, que tu visión sea Clara
y que estés lleno de poder
Esta es la decisión y
decreto de nuestro
Divino Creador

Atena

Amado ~  ~Yo Soy

Emoción

ientete orgulloso de quien eres y se modesto con tus poderes. Fuiste creado para amar y ser amado. Repite nuevamente tu nombre y di,

Yo Soy Amor
Ahora di que tu propósito
es el de Amar
dilo con convicción
hasta que sientas en tu garganta
Mi propósito es Amar

Sal de tu cuerpo mental por un momento y localiza el cuerpo emocional. El cuerpo emocional es poderoso, conduce el cuerpo mental en poder y en forma.

El cuerpo mental es el siguiente paso, pero no puedes esquivar el cuerpo emocional como si no estuviera allí. Debes experimentar las lagrimas y reconocer que el dolor que deriva del sufrimiento sirvió para conducirte a la iluminación. Trae las lagrimas, trae alegría a tu corazón y sabe cuanto necesitas de las emociones.

 *Las emociones son buenas*
Siéntelas y permíteles que
Abran tu Corazón

Traerán la paz que te permitirá que la vida llene tu cuerpo con información y sabiduría. He venido a hablarte para que puedas encontrarte.

Estás escuchando o leyendo estas palabras, y en este momento, han llegado a ti deliberadamente para llenarte con el amor que necesitas. Así como eres en este momento. Esto es verdad ahora y antes de que leas o escuches otra palabra al respecto, estás más cerca del centro del corazón y más encaminado en tu trayectoria.

Tu servicio es de valiosa importancia al desear la verdad para aquellos que no saben. Ayúdales a escuchar y condúcelos para que su luz brille desde cada aspecto de sus vidas.

Enséñales
a convertirse
en Pilares de Luz

La Luz Blanca desciende a tu ser y la sientes ingresar por la parte superior de tu cabeza. Crea una sensación de hormigueo, comezón, ya que eleva tu vibración.

Inicialmente la
Luz Blanca
 *entra y aclara*
el camino de navegación

Una vez permitido el ingreso de la luz se convierte en sanadora y refrescante. A continuación los colores de la emoción entrarán en tu vida y llenarán el arco iris de abundancia.

La falta de sentimiento es el resultado de una fuerza restrictiva. No escondas tus sentimientos al decir, "no, ahora no", como si esperaras un mejor momento, Di "sí" AHORA.

Deja que tus emociones broten y siéntelas. Deja que tu corazón muestre que estás orgulloso de ser humano. Esto es importante si estás por ingresar en la Familia de la Luz en el mundo eterno de las dimensiones elevadas de la vida. Acepto y sé que estoy siendo guiado por la Energía Crística que habita en mi..

Yo Soy esa Luz que
sigue la corriente del amor hacia
el centro del corazón de Dios

Este lugar permanece Sagrado
Yo Soy un humano en la Divinidad
Yo he despertado por
La Energía Crística En Mí

Amado ~      ~Yo Soy

Perfecto

El secreto para revelar la Energía Crística En Ti consiste en decir la verdad. Brilla en la luz de la verdad y el mal será ajeno para ti, en tu conciencia, en tu vivienda, y en tu vida. Serás parte del nuevo mundo. Trae nuevas emociones y comenzarás a abrir tu secreto.

Estoy listo para ser
transformado por la verdad y
Vivir en libertad y alegría

Di tu nombre
ahora di las palabras
que te ayudarán a sentir
Di, Me intereso

Identifica lo que quieres. Se trata de ti obteniendo lo que necesitas. Deseo que tengas lo que necesitas. Si necesitas amor, dinero, trabajo, respeto a ti mismo, auto estima, amistad, ayuda, salud, felicidad, sabiduría, no importa. Quiero que tú lo recibas.

Deseo que seas atendido

Deseo que tu vida sea buena. Quiero que el amor llegue a ti con todo mi corazón, con toda mi alma y con toda mi mente. Yo estoy alineado con la bondad para ti. Deseo que lo bueno sea para ti. Deseo que vivas feliz y en armonía con la vida. Deseo que tengas lo que necesitas para ser feliz y te sientas realizado.

Esto es lo que deseo. Deseo que seas feliz. Esto es lo que el creador infinito desea, el inicio de las emociones. Desea esto, deséalo para los demás, deséalo para ti y deja que se manifieste.

Deseo que seas
Feliz y Exitoso

Pide ayuda al Creador Infinito en cualquier forma que la necesites para desligarte del control. En el momento que te liberas del control es cuando el poder ingresa a tu vida y hace que suceda.

Renuncia al control sobre la vida y regresa el poder a la sabia y cuidadosa orientación. El regreso a casa es a través de sentimientos y cuidados. Esta es tu declaración de independencia.

Estás listo para ser lo que siempre quise para ti. Di la verdad en todo momento y encontrarás que estás listo para esta gran experiencia. La verdad te libera, es tu camino y tu vida.

Yo Soy En Ti
la guía protectora de
la Energía Crística En Ti

Yo estoy contigo siempre y
sabe que estás a mi lado,
me guías al mundo
que siempre he soñado.

Al ser el Canal de la Energía
Crística Veo la Verdad
e incremento el coraje
para entrar en le
reinode la Energía
Cristica En Ti

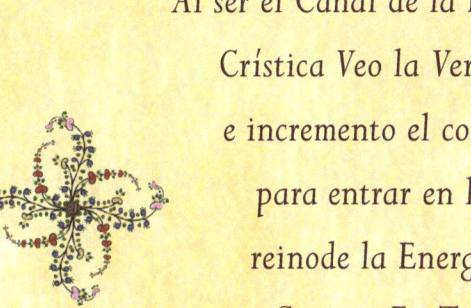

Amado ~ YO SOY ~ Yo Soy

Mi misión consiste en abrir tu corazón, donde la flama de la eterna verdad te liberará.

El Portal y Espejo del Amor Eterno se ubica dentro de ti, la Fuente de la Luz Blanca y del Poder Absoluto de la Conciencia de la Energía Crística.

Ahora estás en la encrucijada del corazón. Es aquí adentro de la cobertura del ser donde se encuentra la quebradura. En la sombra del regalo de la vida hay momentos milagrosos donde se hacen las elecciones.

Libérate de los miedos, dudas y del dolor dentro de tu mente que te atan a la idea de que eres menos que la Divinidad. Aléjate de todo lo que te distraiga del camino de la sabiduría, que se despliega desde el centro de tu corazón,

el Amado Yo Soy la Energía Crística En Ti

El mundo ha producido una mentira basada en el temor; una mentira para proteger y ocultar la vergüenza de la corrupción, para culpar a otros por haber escogido el camino de la justificación y compromisos. La mentira se alza como una nube oscura que cubre el sol. Tú sabes a lo que me refiero debido a que tu mentira ha sido similar que todas las mentiras de los que han vivido en este planeta.

Libera los temores que habitan en tu mente, te distraen con pensamientos sin mérito, con pecado, temor y dolor. Concédele a tu corazón que sea el filtro de tu mente para que las sombras que han cubierto tu visión puedan ser disipadas.

Pídele a tu mente que se rinda y que repose en el abundante pasto verde de tu corazón.

Siente los movimientos del tiempo
En las nuevas oportunidades
Dentro de los espejos de oro
Siente el brillo de tu luz interior
Refleja la belleza y la verdad
Para que todo el mundo comparta

Llama a tu yo superior y habla desde adentro de tu ser sabiendo que tu deseoso corazón te llama de regreso a casa y responde a tus preguntas.

La lección de la tierra consiste en ser, ver y sentir. El Amado Yo Soy desea que lo experimentes. Sentir la corriente del amor de la Energía Crística retornará las lágrimas del profundo anhelo de paz.

Yo Soy la Esencia en tu
entusiasmado Corazón.
Al compartir tu
Gloriosa Alma se
despierta la vida y
Surge el Fervor
del Regocijo de la
Primavera. El Verano
de la Felicidad.
Con la Cosecha de la
Sabiduría, te Rindes
a mi Corazón
para que Puedas
Alcanzar la Dicha

Tú eres el Amado Yo Soy y la Energía Crística En Ti. Al saber que Yo soy quien te muestra el camino al corazón de los sentimientos que superan la nubosa oscuridad que obstruye tu visión de Dios y de la verdad. Yo soy la Fuente Creadora manifestando luz blanca y dorada que emana del Amado Yo Soy.

Divino Niño Perfecto
el Amor es todo lo que existe
Sabe que ésta es la verdad,
en la verdad mora la paz
Conoce la sabiduría Crística
comparte la iluminación
Se amor mi Amado
Yo estoy en ti

Rosa Mística

Amado ~   ~Yo Soy

El Tesoro

A Ti

Te he entregado
un maravilloso tesoro - Es tu corazón
Todo lo que necesitas hacer para
abrirlo es pedir. Recibirás.
Pide por tu mayor verdad. Pide confianza
Concede que la felicidad sea tu paz
Libérate del pasado y recuerda quien eres
Aférrate a tu bondad

Por qué cuestionas todo y evitas la verdad? Por que optas aprender a través del dolor? en su lugar, pide aprender con alegría y siempre sentir el amor que habita en ti. Los disturbios están por todas partes, no les prestes atención. Escucha a tu corazón y permítele que te hable.

El corazón es como la llama del fuego. Cuando ésta llama arde en tu vida a través de otro ser, es cuando ves las lecciones e identificas a tus maestros. Esto te ayuda con las emociones y a superar las creencias que no te sirven y que están conectadas a la tristeza. La única forma en que podrás dar es identificando las emociones y liberándolas

Reconociendo a la Energía Crística En Ti.
Deja que brille esa luz.
Tú eres esa luz. Tu eres una maravillosa
y brillante influencia para todos los que te rodean.
Permite que brille tu luz. Ellos verán tu grandeza. Tu
luz es para para que todos la compartan.

En Silencio..... Descansa

Sobre el autor:
Richard Bernard Wigley, Rysa, creador de The GoldRing of Enlightment, astrólogo por más de 35 años, profesor y estudiante de los misterios es un inspirado artista poético que combina un colorido y lírico tono dentro de sus mensajes para animar la sanación innata de manera tal que con seguridad agitará su corazón y alma en los nuevos paradigmas del conocimeinto. El viaje de amor incondicional y compasión está dentro de las energías más profundas de los sentimientos.
www.premieres.com

Acerca de la Artista:
El don de Lily Moses consiste en crear belleza en esta vida, para permitirnos ver lo que era invisible. El propósito de su alma, es expresar las cualidades del lado femenino del Creador Universal con su creatividad. Su arte transmite un mensaje de amor incondicional y compasión por medio del sentimiento. En la actualidad Lily se dedica a su carrera artística. Recibe inspiración en sueños y experiencias extrasensoriales. Estas experiencias han sido tan profundas y trascendentales, que han transformado su vida hasta dedicarse con absoluta devoción al arte inspirado por el espíritu. Lily aplica el método de "infusión" para transmitir en sus creaciones la energía de otros mundos. Los Seres que se le aparecían, se presentaban sobre todo como Geometrías de Luz. Posteriormente, Lily les pidió que se mostrasen con forma humanoide, para que otros pudieramos identificarles. De esta forma, en sus retratos de Maestros Ascendidos y Seres Celestiales, logra combinar el campo energético con una apariencia física. **www.lilymoses.com**

Acerca de la Artista: Annette Marie Laporte Wigley, también conocida como Ashnandoah en the GoldRing. Inició y se incorporó en los proyectos para despertar y desarrollar la consciencia luego de haber laborado profesionalmente en la (RCMP) Real Policía Montada de Canadá. Es la persona responsable de la creación de los mandalas que en esta presentación aparecen, de igual forma fue quien diseñó la bellísima presentación del libro que usted está leyendo. Ella es la editora principal y ha coordinado la cocreación y publicación. Desde que se involucró en éste y otros proyectos ha desarrollado sus propios dones artísticos y se ha involucrado en la cocreación de muchos trabajos edificantes.